ACCOUNTOFIT

Versión Español

ACCOUNTING FOCUSED ON PR**OFIT**S

(Contabilidad enfocada en Ganancias)

ACCOUNTING **TO** BE **FIT**

(Contabilidad para estar en forma/saludable financieramente)

POR CARL RAMQUIÑONY

Certificado de la obra:

FOLIO 03-2020-021011274700-01

INDAUTOR

Primera edición, 2020

Email: cpcarlosramos@cprqconsultoria.com

Web: www.cprqconsultoria.com

Diseño Editorial:

Enter Creativos

www.entercreativos.com / hola@entercreativos.com

Este libro habla sobre Contabilidad enfocada en las ganancias, el autor explica de una manera simple (sin términos contables), cómo usar la contabilidad para hacer un buen análisis que nos permita aumentar nuestras ganancias y con ejemplos prácticos nos enseña cómo hacerlo. Así como el hacer un "Sistema de Contabilidad" sencillo con Excel.

La palabra ACCOUNTOFIT es una combinación de ACCOUNTING (CONTABILIDAD) y PROFIT (GANANCIA), pero también ACCOUNTING (CONTABILIDAD) y FIT (ESTAR EN FORMA/SALUDABLE), para estar más saludable, para tener finanzas saludables. Este libro nos dice cómo podemos usar la Contabilidad para analizar correctamente la información de una manera que ayude a generar más ganancias.

SALTILLO, COAHUILA

DEDICATORIA

A mi familia y a todos los emprendedores que necesitan comprender los números de sus negocios para tomar buenas decisiones, porque mi objetivo es ayudar a los negocios y emprendedores a aumentar sus ganancias.

AGRADECIMIENTOS

A mis padres Dr. Carlos Ramos y Dra. Lupita Quiñones, que son las dos personas a quien más admiro. Gracias por haberme educado con su ejemplo y valores, ya que eso me ha facilitado el relacionarme con personas extraordinarias.

A mi esposa Diana por apoyarme, cuidarme, entenderme, consentirme, y por ser (junto con mis hijos Carlos, Mariana y Patricio) lo que más quiero y el motivo por el cual siempre busco superarme.

A mi Abuelita María, que es la que más reza por mí. Aunque le tuve que enseñar como rezar, porque solo pedía trabajo para mí ... y ahí me tenía trabajando hasta sábados y domingos. Ya le dije que pidiera Salud, Amor y Dinero, el trabajo como quiera.

A mis hermanas, tías, tíos, primos y todos mis familiares por siempre apoyarme.

A mis amigos y compadres, que aunque son pocos, son de calidad y excelentes personas.

INDICE

I.- INTRODUCCIÓN

Este libro está dirigido hacia emprendedores de micro, pequeñas y medianas empresas. Para que la Contabilidad les ayude a analizar adecuadamente su negocio e incrementar sus ganancias. No está dirigido a Contadores, ya que el lenguaje que se utiliza en este libro es el cotidiano, no el que usan los Contadores normalmente al analizar negocios.

Este es un libro pequeño, fácil de entender y con ejemplos prácticos que podemos utilizar inmediatamente en nuestro negocio para hacer buenos análisis e incrementar nuestras ganancias.

Considero que es más fácil de entender un libro breve, ya que actualmente estamos acostumbrados a recibir información rápidamente y en ocasiones nos desesperamos cuando no es así y dejamos a un lado el libro. Fue un reto el poder resumir lo que he aprendido en 20 años y ponerlo en lenguaje cotidiano, ya que los Contadores utilizan muchas palabras técnicas y esa fue la manera en que a mí me lo enseñaron a través de muchas clases, cursos, talleres y libros, tanto al estudiar mi carrera de Contador Público, en la Maestría de Finanzas y en los distintos cursos que tomé.

Te platico brevemente de mí, soy Contador Público con Maestría en Finanzas y trabajé por 20 años como Contador, Contralor y Director de Finanzas en empresas grandes tanto de México como de Estados Unidos. Actualmente soy Consultor de Negocios y lo que te menciono en este libro es lo que ha sido de mayor utilidad para mis clientes, que es el poder utilizar la información para analizarla correctamente para tomar decisiones que incrementen sus ganancias.

Accountofit es un término en inglés que significa **Account**ing focused on pr**ofit**s o Contabilidad enfocada a Ganancias, ya que la contabilidad puede utilizarse para diferentes motivos como para calcular/pagar impuestos, para solicitar un préstamo u otros motivos, pero también puede utilizarse para incrementar las ganancias y este último es el enfoque que le daremos en este libro.

La palabra Accountofit también significa **Accoun**ting **to** be **fit**, o Contabilidad para estar en forma, para estar saludable. Y es para estar financieramente saludable, ya que con la correcta información y midiendo constantemente indicadores adecuados del negocio se pueden tener finanzas saludables.

II.- DIFERENTES TIPOS DE CONTABILIDAD

La contabilidad es una manera, una técnica, de registrar la información del negocio de una forma ordenada que nos permita hacer reportes (Estados Financieros) con diferentes motivos o fines y es por ello que hay diferentes tipos de contabilidad.

Voy a hablar brevemente de los diferentes motivos por los que se hace la contabilidad para poder ver las diferencias que existen entre ellos:

1.- La principal razón por la que se hace la contabilidad es para calcular y pagar los **IMPUESTOS**, ya que es algo requerido por el Gobierno y obligatorio para todos los negocios, por lo que debemos hacerlo si no queremos tener problemas con Hacienda. En esta parte el Contador Fiscal nos ayuda para cumplir con las obligaciones fiscales y para que paguemos la menor cantidad de impuestos posibles.

El Gobierno nos solicita que registremos todas las facturas que nos pagan nuestros clientes, así como las que nosotros pagamos a nuestros proveedores (las que cumplen con los requisitos fiscales) con el único objetivo de que paguemos impuestos en base a nuestra utilidad. Sin embargo al gobierno no le interesa saber en qué productos ganamos y en cuales perdemos o si nos deben o no facturas, es por eso que los reportes que se obtienen de esta información son globales y no podemos utilizarlos para poder hacer análisis que nos ayuden a tomar decisiones para incrementar ganancias.

Aparte de que en el Gobierno no nos deja deducir algunos gastos porque no tenemos factura, porque pagamos en efectivo o porque no están dentro de los gastos que Hacienda considera necesarios para operar un negocio (como la compra de un pastel para cumpleaños de algún colaborador, etc) y en ocasiones no registramos estos gastos que son del negocio y para compensarlo buscamos registrar gasolina de la esposa, artículos de limpieza de la casa u otro tipo de facturas personales que sí podemos deducir, pero que no son del negocio.

Por lo que no registramos algunos gastos que sí son del negocio y sí registramos otros gastos que no son del negocio, obviamente los reportes y análisis que hagamos con esta información no la podemos considerar para toma de decisiones del negocio.

Como resumen de este punto, la contabilidad con motivos de Impuestos es muy importante porque es obligatoria por parte del Gobierno, pero no nos ayuda para tener información adecuada para hacer buenas decisiones e incrementar nuestras ganancias.

2.- Otro de los motivos para hacer la contabilidad es para **solicitar un préstamo** y éste es similar al de los impuestos, ya que se hace de manera global, buscando solo la autorización del préstamo por parte del Banco o del prestamista y al no contar con información detallada, tampoco podemos usar estos reportes para toma de decisiones.

3.- Puede haber varios motivos más, pero el motivo para hacer contabilidad que nosotros estamos buscando y el relacionado con la palabra "Accountofit" es para **incrementar ganancias** y aquí lo que se busca es registrar de una manera detallada (por producto, proyecto o proceso) para hacer análisis adecuados que nos muestren "la foto" correcta del negocio de manera que se tomen las decisiones adecuadas.

Estas decisiones nos ayudarán para corregir las situaciones en las que se tengan oportunidades, así como para continuar y mejorar lo que se esté haciendo correctamente.

Esa foto a la que me refiero es a que los números nos puedan mostrar la realidad de la empresa de una manera clara y detallada con la que podamos ver prácticamente una imagen de nuestro negocio y en base a ello ver qué salió bien en la foto y qué salió mal, para poder hacer las correcciones necesarias.

Esa foto nos debe decir el tamaño de la empresa, qué ventas y costos se obtienen, qué ganancias o pérdidas se generan cada mes, así como qué se tiene, que se debe y cómo se generaron.

Sin embargo este motivo para hacer contabilidad, como no es obligatorio por parte del Gobierno, muchas veces no le ponemos atención, ya que estamos ocupados en asuntos operativos, administrativos, de ventas o impuestos y no nos damos cuenta de la importancia que tiene el poder hacer buenos análisis para mejorar nuestras finanzas.

RESUMEN
TIPOS DE CONTABILIDAD:
1.- Para Impuestos.
2.- Para Préstamos.
3.- Para Incrementar Ganancias.

III.- FACTORES PARA TOMAR Y ANALIZAR LA FOTO (CONTABILIDAD)

Para poder tomar y analizar la foto del negocio se requieren de tres cosas principalmente:

1.- Registrar la información correctamente

Antes de tomar la foto, debemos hacer la preparación para ello. Sería la parte en la que se acomodan las luces y las cámaras para realizar una buena toma.

En esta parte debemos registrar con el detalle que requiere nuestro negocio (por producto, proyecto o proceso) y asegurarnos de que no nos falte información por registrar. Lo que se recomienda es recorrer todo el proceso operativo y administrativo para revisar que no omitamos registrar ninguna actividad y ningún gasto.

Para esto es importante que definamos cual va a ser el detalle al que vamos a registrar para establecer el listado de cuentas (o catálogo de cuentas como le llaman los Contadores) que vamos a utilizar. Si no estás familiarizado con esto no te preocupes, ya que vamos a ver un ejemplo muy práctico y sencillo para comprenderlo.

Cada negocio es diferente y debemos hacer los registros en base a ello y al detalle que se requiere para cada negocio. Algunos requerirán detalle por producto, otros por proyecto, otros por cliente. Por ejemplo hay negocios que venden a contado, por lo que las cuentas por cobrar no son relevantes, pero hay quienes venden a crédito y se deben medir constantemente las cuentas por cobrar, ya que en base a ello se tendrá el flujo de efectivo para operar.

Es importante que los registros se hagan de manera adecuada y que no omitamos información, ya que es común que se cometan ciertos tipos de errores u omisiones al contabilizar. Por ejemplo debemos identificar cuales operaciones adicionales a las que tienen que ver con movimiento de dinero debemos registrar, como la depreciación de maquinaria o edificio propios. Ya que es importante que consideremos este tipo de gastos, porque ese tipo de activos se van deteriorando y van perdiendo valor con el uso y con el tiempo.

También es común que no registremos un sueldo para el dueño, sin embargo es necesario que hagamos registro de ello (aunque no se pague).

En ocasiones no registramos gasto de renta porque el local es de un familiar (papá o mamá) que nos lo presta, pero para poder evaluarnos como un negocio, es necesario considerarlo. Por ejemplo, si mi ganancia es de $10,000 pesos al mes y me prestan el local mis padres, pero en el mercado la renta de ese local es de $15,000 pesos, pues me convendría mejor que se rente el local a alguien más y que me den esos $15,000 pesos, ganaría más y no estaría invirtiendo (o en este caso perdiendo) mi tiempo y esfuerzo.

Hay que poner atención a este tipo de situaciones sobre todo en las que involucran tiempo de nosotros. Hay un comentario que me hicieron que me causó risa en su momento, pero que sí me llegó a suceder "hay gente que es más productiva durmiendo que yendo a trabajar". Y a mí me pasó al principio al momento de prospectar algunos clientes, lo hacía con muchas ganas, pero sin una buena técnica y en ocasiones hacía visitas a clientes que hasta el final me daba cuenta que no podían contratar mis servicios (cuando lo pude haber hecho con unas preguntas previas a la entrevista). Realmente hubiera sido más productivo, por lo menos no hubiera gastado la gasolina de mi carro, ni mi tiempo, si me hubiera quedado dormido a descansar.

El poder tomar la foto de manera correcta requiere de algo de práctica y aunque generalmente se utilizan sistemas para ello, podemos utilizar Excel para hacerlo y más adelante pondremos un ejemplo completo de cómo lo puedes hacer en tu negocio.

Recordemos que en cualquier sistema, así sea el sistema más sofisticado, si metemos basura al sistema, vamos a obtener basura. Es decir, si no hacemos los registros correctamente, la información y reportes que obtengamos del sistema no van a servir para tomar decisiones.

RESUMEN
III.- FACTORES PARA TOMAR Y ANALIZAR LA FOTO (CONTABILIDAD)
1.- Registrar la información correctamente.
* Establecer el listado de cuentas para nuestro negocio.
* Registrar correctamente sin omitir información.

2.- Establecer los Reportes con los que analizaremos el negocio (tomar la foto).

Es importante tener los Reportes o Estados Financieros (como lo llaman los Contadores) adecuados y debemos incluir el detalle que se requiera dependiendo del negocio. Este detalle lo establecimos desde el punto anterior en nuestro listado de cuentas, pero hay que asegurarnos que nuestros reportes nos muestren ese detalle. Por ejemplo puede interesarnos la cantidad de inventario que tenemos de cada producto (o de los de mayor volumen) y esto debemos poder verlo en los reportes o Estados Financieros.

Los principales reportes son el Balance General, el Estado de Resultados y el Flujo de Efectivo. Si no estás familiarizado con esto no te preocupes ya que los veremos de una manera muy sencilla y más adelante haremos un ejemplo con un caso práctico para entenderlo mejor.

BALANCE GENERAL

El Balance General es el reporte que tiene de manera más completa la información, es el que nos da la foto total del negocio.

El Balance General es el reporte que muestra la situación económica y financiera de un negocio a una fecha determinada. Este reporte es acumulativo, es decir, nos muestra lo acumulado hasta cierta fecha.

Tiene tres principales áreas, el Activo que es lo que tiene la empresa. El Pasivo que es lo que debe la empresa y el Capital que son las aportaciones de los socios más las utilidades acumuladas de la empresa.

Un Balance General sencillo es como la siguiente figura en donde los Activos se ponen del lado izquierdo y los Pasivos se ponen del lado derecho junto con el Capital:

Balance General

ACTIVO	PASIVO
	Proveedores
Caja y Bancos	Deudas a Largo Plazo
Cuentas por cobrar	**TOTAL PASIVO**
Inventarios	CAPITAL
Activo Fijo	Capital Social
	Utilidades acumuladas
	TOTAL CAPITAL
TOTAL ACTIVO	**TOTAL PASIVO + CAPITAL**

* Imagen 1

Capital = Activo - Pasivo

O en otras palabras:

Lo que es la empresa = Lo que tiene - Lo que debe

En la práctica se incluyen más cuentas y detalles por cliente o producto en varias cuentas dependiendo de las necesidades de cada negocio para poder ver la foto con mayor claridad y tomar buenas decisiones. Pero por ahora con que podamos entender de manera general este reporte, es suficiente.

FLUJO DE EFECTIVO

Debido a la importancia del efectivo en el negocio, la parte que vimos en el reporte anterior (Balance General) como "Caja y Bancos" en la sección de activos en la parte izquierda, se desglosa a mayor detalle en un reporte por separado que llamamos Flujo de Efectivo.

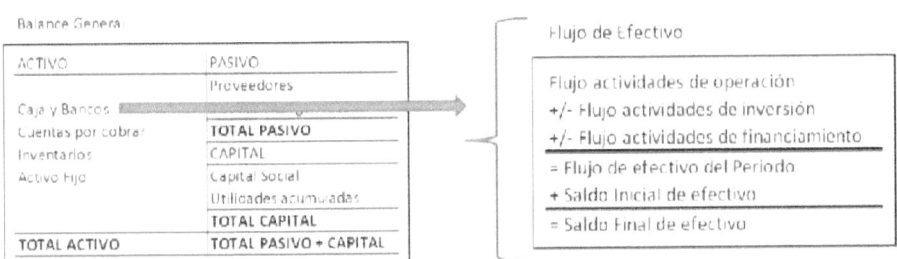

* Imagen 2

Este reporte muestra la liquidez del negocio, es decir, lo que realmente entra y sale de dinero. Y este es un reporte que se hace por un periodo de tiempo, que generalmente es por un mes. A diferencia del reporte anterior (Balance General) que muestra la actividad acumulada a cierta fecha, este reporte muestra la actividad de un mes.

Lo que hace este reporte es separar las entradas y salidas de dinero diferenciándolas si fueron relacionadas con actividades de operación del negocio o si fueron por actividades de inversión o de financiamiento. A la suma de los flujos de estas tres actividades se le llama flujo de efectivo del periodo.

Al flujo de efectivo del periodo se le suma el Saldo Inicial de Efectivo y se obtiene el Saldo Final de Efectivo (lo que tenemos en Efectivo al final del mes), que es la misma cantidad que el reporte anterior (Balance General) tiene en "Caja y Bancos"

Flujo de Efectivo

Flujo actividades de operación
+/- Flujo actividades de inversión
+/- Flujo actividades de financiamiento
= Flujo de efectivo del Periodo
+ Saldo Inicial de efectivo
= Saldo Final de efectivo

* Imagen 3

En la práctica cada actividad (operación, inversión y financiamiento) se detallan más dependiendo de las necesidades de cada negocio, pero por ahora es suficiente con que entendamos para qué sirve este reporte.

ESTADO DE RESULTADOS

Otra de las partes del Balance General que es de mucha importancia es la de "Utilidades Acumuladas" que está en la sección de Capital (del lado derecho) y debido a su importancia se hace un reporte por separado para poder analizarlo, el cual es el Estado de Resultados.

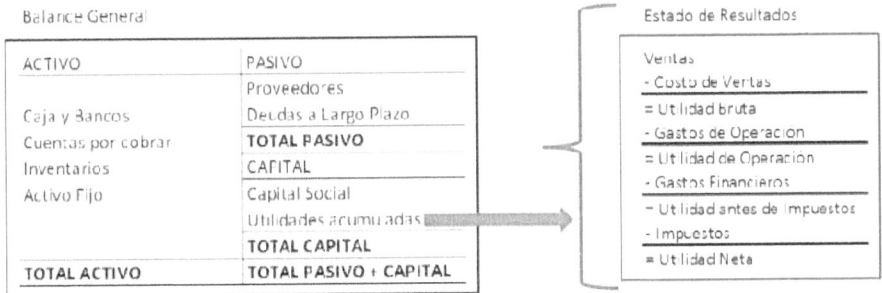

* Imagen 4

El Estado de Resultados, como su nombre lo indica, nos muestra el resultado, ganancia o pérdida que tuvo la empresa en un periodo de tiempo, que normalmente se utiliza un mes, pero puede analizarse por bimestre, semestre, año, etc.

Una manera sencilla de mostrarlo es la siguiente:

Estado de Resultados

Ventas
- Costo de Ventas
= Utilidad Bruta
- Gastos de Operación
= Utilidad de Operación
- Gastos Financieros
= Utilidad antes de Impuestos
- Impuestos
= Utilidad Neta

* Imagen 5

Pero normalmente en las empresas cada una de estas cuentas tiene subcuentas para realizar un análisis más detallado y de acuerdo a las necesidades del negocio.

Este reporte es el más utilizado para hacer los análisis ya que nos muestra el resultado real del negocio, nos da más claridad de la rentabilidad del negocio al quitar ruido de cobranza o de otras situaciones de movimientos de dinero que no nos permite ver claramente si ganamos o perdemos. Por ejemplo en un mes pudimos tener pocas ventas y muchos gastos (obviamente esto genera una pérdida), pero un cliente nos hizo un pago grande y por lo tanto podemos pensar que en ese mes nos fue bien porque traemos efectivo, sin embargo tuvimos pérdida y debemos tomar acciones para corregir esto.

Obviamente es muy importante cobrar, pero debemos ver cada reporte por separado con el fin que tiene cada uno. Lo mejor es que podamos analizar los tres reportes (Balance General, Estado de Resultados y Flujo de Efectivo) al mismo tiempo, por un lado ver el Flujo de Efectivo en donde nos aseguremos que tenemos los recursos necesarios para la operación, por otro lado ver el Estado de Resultados en donde veamos la ganancia o pérdida real del mes y por otro lado veamos la foto completa de lo que somos (lo que tenemos menos lo que debemos) con el Balance General, con el objetivo de que tengamos la foto clara de nuestro negocio y podamos tomar decisiones en base a ello.

Se debe buscar mayor detalle (por cliente, producto o proyecto) en cuentas en donde el negocio requiera de mayor atención. Aunque en la vida real la mayoría de los negocios se enfocan solo en el Flujo de Efectivo, ya que es el que solicita Hacienda, pero como comentamos anteriormente, en la información que registramos para los impuestos incluimos algunos gastos que no son del negocio (como gasolina de la esposa) y no incluimos gastos que sí son del negocio (como depreciación, renta porque nos prestan el local, etc) y obviamente estos reportes no nos pueden ayudar para analizar el negocio y tomar decisiones.

RESUMEN
III.- FACTORES PARA TOMAR Y ANALIZAR LA FOTO (CONTABILIDAD)
2.- Establecer los reportes con los que analizaremos el negocio (tomar la foto).
Son tres los principales Reportes o Estados Financieros:
* Balance General.
* Flujo de Efectivo.
* Estado de Resultados.
Para hacer un análisis correcto se deben ver los tres reportes.

3.- Analizar los reportes mensualmente (analizar la foto).

Después de tomar bien la foto es necesario analizarla y aquí también es necesario tener algo de práctica para lo cual haremos un ejercicio más adelante. El poder analizar los números del negocio no es algo sencillo, pero cada vez que lo hacemos se vuelve más fácil y productivo.

Es como en la película "The Matrix" en la que en una pantalla se observan números verdes que corren de arriba hacia abajo y no sabemos qué dicen, sin embargo "Tank" la persona que ve constantemente el monitor, los ve perfectamente y le va diciendo a "Neo" en donde se encuentra un edificio, las escaleras, una cabina telefónica, etc.

Lo mismo pasa para poder analizar la foto (los reportes del negocio), requerimos experiencia para saber a qué información debemos ponerle atención y poder leerla para tomar decisiones adecuadas e incrementar las ganancias del negocio.

No todos los negocios son iguales, por lo qe se debe analizar cuales son los métricos a los que se les deberá poner mayor atención en cada negocio. Es importante el seguimiento y la disciplina, el tener juntas de resultados mensuales en donde se establezcan planes de acción y darle seguimiento a ellos.

Hay varios métricos que podemos analizar que los Contadores llaman indicadores financieros, que nos permiten medir cómo va nuestro negocio. Hay muchos métricos y depende de la situación de cada negocio para saber cuales utilizar, pero los que se utilizan con mayor frecuencia son los siguientes:

1.- Rendimiento sobre inversión. Lo que se mide con este indicador es la cantidad que tenemos de utilidad en relación con la inversión que se hizo y esto nos sirve para compararlo contra el rendimiento que nos daría por ese mismo dinero el banco u otra inversión. Es decir que tanto ganamos en nuestro negocio comparado contra haberlo invertido en el Banco o en otra inversión (que podría ser en el negocio de otra persona). Los rendimientos que nos da el banco son bajos, normalmente lo máximo que nos da es un 6% anual, aunque hay otras inversiones o negocios de terceros que pueden andar en el 30% anual. Estos porcentajes nos deben servir de base para saber si lo que nos genera nuestro negocio está bien o no.

Si nosotros tenemos un rendimiento anual sobre la inversión menor al 6% que nos puede dar el banco, pues nos conviene más poner el dinero en el banco a estar operando el negocio. En ocasiones el local es nuestro y nos convendría más rentarlo que continuar operando.

Aquí debemos tener claro que no estamos hablando del % de utilidad anual entre las ventas, porque ese porcentaje sí podría ser mayor al 6% anual. Estamos hablando del % de utilidad entre la inversión.

Si en algún momento optamos por invertir en el negocio de un tercero, debemos considerar que a mayor rendimiento, hay mayor riesgo y hay que evaluar bien el proyecto antes de tomar una decisión. Hay buenos proyectos en el mercado, a nosotros nos llegan algunos proyectos con buenos rendimientos que en ocasiones requieren de inversión y como esos proyectos debe haber muchos, solo hay que evaluarlos correctamente.

Rendimiento sobre inversión = Utilidad / Inversión

2.- Porcentaje de Utilidad sobre ventas, este métrico nos ayuda para saber la relación que tenemos entre la utilidad y la venta, este es uno de los principales indicadores, ya que nos dice cuánto estamos ganando o perdiendo en nuestro negocio. Este indicador debemos medirlo mensualmente y fijar objetivos y planes de acción en base a sus resultados. Muchos negocios buscan que este indicador esté arriba del 15% mensual aunque hay negocios más agresivos que tienen como objetivo el 25% mensual o más.

% Utilidad sobre ventas = Utilidad / Ventas

3.- Porcentaje de utilidad marginal, este indicador nos dice la relacón que hay entre el costo y la venta. En la parte del costo se consideran principalmente los materiales y la mano de obra directa para producir.

% Utilidad Marginal = Utilidad Marginal / Ventas

Para fijar un objetivo en este métrico es necesario ver primero el tipo de negocio e industria en el que estamos, ya que es muy variable y puede ir desde el 90% hasta el 30% de utilidad marginal, dependiendo de la Industria. Para saber si este porcentaje está bien o no, debemos ver los otros gastos que se tienen y que la Utilidad total esté en relación a lo que mencionamos en el punto anterior.

4.- Razón Circulante (RC) es uno de los indicadores de liquidez más usados, tiene como objeto verificar las posibilidades de una empresa para afrontar compromisos financieros en el corto plazo.

RC = Activos Circulantes / Pasivos Circulantes.

5.- Rotación de Cartera es un métrico que determina el tiempo en que las cuentas por cobrar tardan en convertirse en efectivo, o en otras palabras, es el tiempo que le lleva al negocio para cobrar a sus clientes.

Rotación de Cartera = (Saldo cartera x 360 días) / Ventas

La rotación de cartera nos permite identificar cuánto tiempo nos toma recuperar las ventas a crédito, este dato es importante para saber cuántos días estamos financiando a nuestros clientes, ya que eso tiene un costo financiero.

6.- Punto de Equilibrio, es un indicador que nos dice cuantas unidades debemos de vender para no perder ni ganar, es decir las ventas necesarias en unidades para poder cubrir los costos y todos los gastos del negocio.

Punto de Equilibrio = Gastos Fijos / (Precio unitario – Costo Unitario)

Este métrico nos permite ver cuál es la cantidad mínima de venta que debemos tener y compararla contra las ventas actuales.

Debemos considerar que todos los métricos van cambiando mes a mes, inclusive el Punto de Equilibrio, ya que se puede incrementar o disminuir si los gastos fijos, el precio unitario o el costo unitario se modifican. Por lo que debemos medirlos constantemente, por lo menos una vez al mes.

Hay muchos mas métricos o indicadores y debemos utilizar los que más sean convenientes para analizar nuestro negocio.

Y aparte de los métricos se pueden analizar tendencias o comparativos de la información entre los diferentes meses o años, por ejemplo ver cómo está la venta contra el mes anterior o algún mes en específico, y este mismo tipo de comparaciones podemos hacerla con los principales gastos.

Conforme nos familiaricemos más con los números del negocio y hagamos los análisis mensuales con regularidad, vamos a tener mayor claridad del negocio y eso nos ayudará a tomar decisiones acertadas rápidamente.

RESUMEN
III.- FACTORES PARA TOMAR Y ANALIZAR LA FOTO (CONTABILIDAD)
3.- Analizar los reportes mensualmente (analizar la foto).
Hay varios métricos que se pueden analizar, entre los más comunes están:
1.- Rendimiento sobre inversión.
2.- Porcentaje de Utilidad sobre ventas.
3.- Porcentaje de utilidad marginal.
4.- Razón Circulante.
5.- Rotación de Cartera.
6.- Punto de Equilibrio.
Aparte de los métricos se pueden analizar tendencias o comparativos de la información entre los diferentes meses o años.

IV.- FACTORES CLAVE PARA ASEGURAR EL EXITO DEL NEGOCIO

Adicionalmente a lo que hemos comentado anteriormente de Realizar los Registros adecuadamente, Establecer los Reportes correctos y Analizar esos reportes de manera que podamos tomar buenas decisiones, hay otros factores que son clave para el éxito del negocio:

1.- Junta de Resultados Mensual. Debemos tener una junta por lo menos una vez al mes con el Contador, el Administrador y el Dueño para ver los Métricos y Resultados del Negocio en donde hagamos planes de acción y demos seguimiento para asegurar el buen funcionamiento del negocio.

Si no establecemos fechas para revisar los números del negocio, no va a servir de nada el que tengamos buenos registros y reportes, ya que los dejaremos para después por estar ocupados en temas de producción, proveedores, nóminas, etc y nadie los va a ver ni a analizar.

Hay negocios que contratan servicios de Consultoría de Negocio solo para asegurar que se hagan estas juntas y que sean efectivas.

2.- Medir el tiempo. Otro factor que comunmente vemos en los negocios es que muchas veces no medimos el tiempo que nos llevan las actividades y por lo tanto no asignamos correctamente ese tiempo al costo de nuestros productos/proyectos. Para empezar no medimos el tiempo que utiliza el dueño en las actividades y su tiempo es o debería ser el de mayor costo, tampoco medimos tiempo de actividades del administrador o personal administrativo y muchas veces tampoco el del personal operativo.

Y para esto no es necesario tener un software sofisticado o una app de medición del tiempo, ni hacerlo con exactitud de minutos, porque la intención no es hacerlo burocrático ni complicado, ya que muchas veces en una hora hacemos varias actividades o recibimos/hacemos varias llamadas con clientes y proveedores. Lo que debemos hacer es un formato sencillo en el que registremos las principales actividades del día por proyecto, producto o cliente y el tiempo asignado a varias actividades lo registremos como actividades generales (de todos los productos/proyectos/clientes).

Posteriormente veremos como se asignan estos gastos generales a los costos de los productos o proyectos.

3.- Controlar inventarios y variaciones de materiales. Es importante que llevemos un control de los inventarios, en el que constantemente (por lo menos una vez al mes) realicemos inventarios físicos y que las variaciones o ajustes los podamos analizar, tomar medidas e incluirlos a los costos o gastos del negocio. En ocasiones no hacemos inventarios o no registramos los ajustes y esto puede generar gastos considerables que omitimos analizar y por lo tanto tomar decisiones de ello, lo que nos genera mermas que no buscamos corregir.

Muchos negocios no hacen inventarios constantemente porque no quieren parar operación un día del mes para realizarlo, sin embargo no es necesario que se pare la operación para realizar inventarios, se puede hacer por medio de Inventarios Cíclicos, en los que se segregan los materiales y productos como A, B, C, etc en base a su movimiento o valor y se programan inventarios de los A en cierto día, los B en otro y así sucesivamente con los demás productos, de manera que se hacen inventarios parciales en varios días del mes sin tener que parar producción ningún día.

En los negocios que manufacturan productos hay una situación muy especial debido a que la mayoría de estos negocios utilizan un sistema de costeo estándar, en el cual se establecen costos proyectados o estándar para cada producto.

El costeo estándar es una buena forma de costear este tipo de negocios, ya que establecemos lo que se gasta normalmente para producir en cuanto a materiales, mano de obra etc y esto nos ayuda para hacer números del negocio.

Sin embargo si no analizamos las variaciones de materiales, como los ajustes de inventarios, los incrementos en precio, incrementos en volumen, etc. no tendremos los costos de manera adecuada y esto puede tener consecuencias graves para nuestro negocio. Lo que debemos hacer para evitar este tipo de riesgos es que estas cuentas las analicemos en la junta de resultados mensual y en caso de variaciones podamos hacer el plan de corrección necesario.

4.- Dar Seguimiento. Otro factor muy importante es que demos seguimiento a los planes de acción que establecemos en las juntas de resultados. Es común que nos ocupemos en otras actividades y que dejemos para después o no hagamos lo que acordamos en la junta mensual. Es por esto que debemos dar seguimiento para realizarlo, ya que si en la junta se estableció como una actividad importante, es porque debe realizarse para el bien del negocio.

Hay actividades que por su importancia deban tener un seguimiento semanal o inclusive diario, dependiendo de la urgencia.

5.- Disciplina. Esto es algo indispensable en todo negocio y con ello me refiero a la constancia para hacer las cosas, si mencionamos que tendremos una junta mensual, debemos realizarla cada mes, si dejamos de hacerla en una ocasión, vamos a dejar de hacerla posteriormente y si no somos constantes no podremos hacer análisis correctos, no podremos tomar decisiones adecuadas y esto es un riesgo muy grande para nuestro negocio.

Lo mismo para medir el tiempo, para realizar inventarios, para las juntas de seguimiento, etc. Debemos tener disciplina para realizarlas en las fechas que establecemos para ello y ser constantes.

6.- Estructura del negocio, por último pero no menos importante, es que tengamos una buena estructura del negocio y esto tiene varias partes:

A.- Misión. Todos los negocios, incluso los micro negocios deben tener una misión, ya que es lo que los define, es la guía, es lo que busca el negocio. Y eso que busca no debe ser dinero, ya que eso vendrá después, debe buscar hacer algo por la sociedad, por lo menos al Mercado que intenta llegar aunque sea un grupo pequeño de personas.

Por ejemplo, la Misión de Google es "organizar la información del mundo y hacerla universalmente accesible y útil". Obviamente la empresa genera muchas ganancias, pero es importante que todos los directivos y empleados de todos los niveles conozcan y se sientan comprometidos con la Misión de la empresa.

Aparte de la Misión, las empresas tienen una Visión, que es en donde se ven en un futuro. Es importante que todo el personal sepa hacia donde se piensa llevar a la empresa, para que todos colaboren en ello.

Y para esto se deben establecer los Valores de la empresa, ya que si por ejemplo la visión es llegar a 100,000 productos vendidos al año ... pues no debe ser engañando a los clientes con productos malos, que aunque algunas empresas sí lo hacen, no permanecen mucho tiempo haciendo negocio.

Algunas empresas utilizan valores como la honestidad, excelencia, humildad, etc como base para lograr su visión. En mi punto de vista la honestidad y la humildad son indispensables en todo negocio, no son algo que sea opcional, si la persona no tiene estos valores, es mejor que la dejemos ir. Creo que la honestidad queda muy clara a todos porque si no hay confianza, no hay un buen equipo. Pero en la humildad en ocasiones no comprendemos el por qué es tan importante.

Al decir humildad me refiero a que veamos a los demás como iguales. Y sé que nadie somos iguales, todos somos diferentes, pero todos somos personas y no debemos sentirnos superiores porque tenemos cierta preparación académica, o cierto nivel económico y menos por ser de cierta raza, estatura o color. El hecho de que alguien se sienta superior a otras personas provoca que no se formen equipos de trabajo y eso no puede pasar en los negocios.

Es muy importante que los negocios tengan una misión, visión y valores que guíen a cada uno de sus miembros en sus acciones, aunque muchos no los tienen por escrito y la mayoría de las que los tienen no los comunican adecuadamente a todas las personas o no los siguen.

B. Equipo, el recurso humano es el activo más importante del negocio y es necesario que se escoja (contrate) de manera adecuada. Tenemos que invertirle tiempo a la contratación, debemos hacer previamente un listado de preguntas para cada puesto y por lo menos entrevistar a 3 personas "aptas" para el puesto (para puestos clave deben ser por lo menos 5 personas). No debemos contratar rápido por urgencia y menos a la primera persona que encontremos. Hay negocios que por la desesperación agarran a la primera persona que va pasando por la calle, pero eso resulta costoso. En caso de que tengas una urgencia porque se te fue una persona clave, lo mejor es que temporalmente contrates a un despacho o a un externo que haga esas actividades, mientras traes a la persona indicada.

Las personas que contratemos deben compartir nuestros valores y alinearse con la misión y objetivos del negocio.

Lo contrario pasa al dejar ir a un miembro del equipo. Si nos damos cuenta que no es la persona indicada, inmediatamente debemos dejarla ir del equipo, ya que el que se quede nos va a ocasionar problemas.

Es por eso que dicen contrata lento y despide rápido. El contratar lento no significa que nos tardemos en hacerlo, sino que es un proceso lento por la dedicación que vamos a darle en preparar las preguntas adecuadas para la entrevista, que vamos a entrevistar a varias personas aptas para el puesto, etc.

También debes saber que el tener a las personas indicadas tiene un costo y debe considerarse esto en la planeación de tu negocio porque muchas veces buscamos contratar al menor costo (incluso abajo de Mercado) con la idea de "desarrollar a la persona", pero eso nos sale caro posteriormente porque no realizan las actividades que requiere el negocio.

Considero importante que podamos desarrollar a la gente de los niveles más bajos de la organización, es decir, que les demos oportunidad de ocupar otros puestos, siempre y cuando tengamos a alguien con las capacidades técnicas suficientes para capacitar a esa persona. Porque si le damos la oportunidad de un puesto superior a alguien, pero no lo capacitamos para ello, nos va a generar problemas.

En el equipo debe haber Líderes, que sean responsables de sus áreas (producción, administración, etc) y ellos deben estar empoderados por el dueño. Con empoderados me refiero a que ellos sean los responsables completamente y puedan tomar decisiones en sus áreas. El Dueño no debe darles órdenes, sino sugerencias, porque para eso contrató a personas para esos puestos.

C. Dueño de Negocio. Es común que el Dueño se involucre o haga actividades de producción, administración y finanzas, pero generalmente esto provoca que no se hagan las actividades estratégicas del negocio, como buscar nuevos clientes, eliminar clientes tóxicos (que tardan mucho en pagar, que exigen descuentos, etc), buscar nuevos proveedores, negociar con proveedores existentes, buscar alianzas con otros negocios, buscar nuevas unidades de negocio, etc.

No es eficiente que el Dueño esté en actividades de producción, administración o finanzas, ya que estas actividades las puede hacer alguien más. Sin embargo nadie más puede hacer las actividades estratégicas, por lo que si no las hace el Dueño, nadie las hará y el negocio nunca crecerá el nivel que podría hacerlo.

En algunos casos (y ese debe ser el objetivo), los dueños de negocios ni siquiera trabajan en el día a día y tienen un **líder general** o gerente que ejecuta la operación y las actividades estratégicas. A pesar de que ya no tienen que trabajar mucho, los dueños de negocios son inteligentes acerca de cómo estructuran su negocio.

Para ser Dueño de negocio No se trata de trabajar duro, sino trabajar inteligente.

En mi opinión las actividades que debe hacer el Dueño (mientras empodera al líder general para que las realice) son:

* Realizar las actividades estratégicas del negocio.

* Realizar las contrataciones de los líderes.

* Asegurar la inversión y flujo inicial.

* Estructurar el negocio así como la parte legal, fiscal y financiera.

* Hacer las relaciones iniciales con clientes y proveedores.

* Establecer los medios de comunicación internos y externos.

D. Legal. Es una actividad indispensable para el negocio, ya que desde el inicio el Abogado es quien se encarga de establecer la razón social de la empresa (en caso de personas morales), si es SA o SA de CV o SA de RL, etc, así como de encargarse de toda la parte legal, incluyendo situaciones con empleados como finiquitos, demandas, etc. Cada persona debe hacer lo que le corresponde y en lo que está preparada para realizarlo. Es común que el Dueño se encargue de negociar los finiquitos y como no tiene la preparación para esto, paga más de lo que debería o hace cosas que perjudican al negocio en caso de una demanda.

Se puede contratar personal para llevar estas actividades, aunque lo más común es contratar algún despacho o externo por horas o por iguala mensual para realizarlo.

E. Fiscal. Esta actividad es obligatoria para el negocio y el no realizarla implica un riesgo para poder operar, es por esto que generalmente sí se le da la importancia que merece y se contrata a un Despacho para hacerlo, aunque también se puede contratar personal directamente para llevar estas actividades.

F. Financiero. Esta actividad es necesaria para poder analizar adecuadamente el negocio y tomar decisiones que incrementen las ganancias. Debido a que esta actividad no es obligatoria por parte del Gobierno en ocasiones se deja de lado, pero es muy importante para el éxito del negocio y para ello puede contratarse personal o algún despacho o externo por horas o por iguala mensual.

Estas tres actividades (Legal, Fiscal y Financiero) pueden contratarse directamente por el negocio, aunque lo más recomendable para empresas pequeñas y micro es que lo subcontraten por medio de algún Despacho que les cobre por horas o iguala mensual, de manera que no se incurran en gastos de nómina, IMSS, etc.

RESUMEN

IV.- FACTORES CLAVE PARA ASEGURAR EL EXITO DEL NEGOCIO

1.- Junta de Resultados Mensual.

2.- Medir el tiempo.

3.- Controlar inventarios y variaciones de materiales.

4.- Dar Seguimiento.

5.- Disciplina.

6.- Estructura del negocio, que tiene los siguientes factores o actividades:

A.- Misión.

B. Equipo.

C. Dueño de Negocio.

D. Legal.

E. Fiscal.

F. Financiero.

V.- EJEMPLO PRÁCTICO

Hasta aquí hemos visto la parte teórica, ahora veamos un ejemplo de esto que mencionamos con un ejemplo de un negocio para apreciarlo de mejor manera, vamos a imaginarnos que tenemos un pequeño restaurante y que solo hacemos Sandwiches y Hamburguesas y para hacerlo más sencillo ambos productos solo tienen dos ingredientes, que son Pan y Jamón para los Sandwiches. Pan y Carne para las Hamburguesas.

Vamos a hacer los pasos 1, 2 y 3 que mencionamos para tomar bien la foto:

1.- Registrar la información correctamente.
2.- Establecer los reportes con los que analizaremos el negocio (tomar la foto).
3.- Analizar los reportes mensualmente (analizar la foto).

En el punto 1 dijimos que es necesario hacer un listado de cuentas con el detalle que requerimos llevar. A continuación voy a poner un listado de cuentas simple, que es el que usaríamos con el enfoque Fiscal. Normalmente se les asigna un número a cada cuenta en el que generalmente los Activos empiezan con el número 1, Pasivos 2, Capital 3, Ingresos 4, Costos 5, Gastos 6 y Gastos Financieros 7:

# Cuenta	Tipo Cuenta	Cuenta
100.000	Activo	Activo
101.010	Activo	Caja
102.010	Activo	Bancos
105.010	Activo	Clientes
115.020	Activo	Inventario Materia prima y materiales
115.030	Activo	Inventario Producción en proceso
115.040	Activo	Inventario Productos terminados
118.010	Activo	Impuestos acreditables pagados
119.010	Activo	Impuestos pendientes de pago
152.010	Activo	Activo Fijo (Edificio, Maquinaria y Equipo)
171.010	Activo	Depreciación acumulada Activos Fijos
200.000	Pasivo	Pasivo
201.010	Pasivo	Proveedores
207.010	Pasivo	Impuestos trasladados
208.010	Pasivo	Impuestos trasladados cobrados
209.010	Pasivo	Impuestos trasladados no cobrados
213.010	Pasivo	Impuestos por pagar
252.010	Pasivo	Préstamo Bancario
300.000	Capital	Capital
301.010	Capital	Capital Social
304.010	Capital	Utilidad de ejercicios anteriores
305.010	Capital	Utilidad del ejercicio
400.000	Ingresos	Ingresos
401.010	Ingresos	Ingresos
500.000	Costos	Costos
501.030	Costos	Materia prima directa
501.060	Costos	Mano de obra directa
600.000	Gastos	Gastos
601.010	Gastos	Sueldos y salarios
601.340	Gastos	Honorarios
601.450	Gastos	Arrendamiento
601.480	Gastos	Combustibles y lubricantes
601.490	Gastos	Viáticos y gastos de viaje
601.500	Gastos	Teléfono, internet
601.510	Gastos	Agua
601.520	Gastos	Energía eléctrica
601.530	Gastos	Vigilancia y seguridad
601.540	Gastos	Limpieza
601.550	Gastos	Papelería y artículos de oficina
601.560	Gastos	Mantenimiento y conservación
601.570	Gastos	Seguros y fianzas
601.580	Gastos	Otros impuestos y derechos
601.610	Gastos	Propaganda y publicidad
601.620	Gastos	Capacitación al personal
601.720	Gastos	Fletes y acarreos
613.010	Gastos	Depreciación de Activos Fijos (Edificio, Maq y Eq)
700.000	Gastos Financieros	Gastos Financieros
701.040	Gastos Financieros	Intereses
701.100	Gastos Financieros	Comisiones bancarias

* Imagen 6

En este ejemplo vamos a suponer que queremos analizarlo por producto, es decir, separarlo por Sandwiches y Hamburguesas y que también requerimos medir las cantidades de cada material por separado. Entonces vamos a agregar más cuentas que a diferencia del enfoque Fiscal, no tendríamos. Estas cuentas están marcadas en color para identificarlas:

# Cuenta	Tipo Cuenta	Cuenta
100.000	Activo	Activo
101.010	Activo	Caja
102.010	Activo	Bancos
105.010	Activo	Clientes
115.020	Activo	Inventario Materia prima y materiales
115.021	Activo	Inventario Pan para Sandwich
115.022	Activo	Inventario Jamón
115.024	Activo	Inventario Pan para Hamburguesa
115.025	Activo	Inventario Carne
115.030	Activo	Inventario Producción en proceso
115.040	Activo	Inventario Productos terminados
118.010	Activo	Impuestos acreditables pagados
119.010	Activo	Impuestos pendientes de pago
152.010	Activo	Activo Fijo (Edificio, Maquinaria y Equipo)
171.010	Activo	Depreciación acumulada Activos Fijos
200.000	Pasivo	Pasivo
201.010	Pasivo	Proveedores
207.010	Pasivo	Impuestos trasladados
208.010	Pasivo	Impuestos trasladados cobrados
209.010	Pasivo	Impuestos trasladados no cobrados
213.010	Pasivo	Impuestos por pagar
252.010	Pasivo	Préstamo Bancario
300.000	Capital	Capital
301.010	Capital	Capital Social
304.010	Capital	Utilidad de ejercicios anteriores
305.010	Capital	Utilidad del ejercicio
400.000	Ingresos	Ingresos
401.010	Ingresos	Ingresos
401.011	Ingresos	Ingresos Sandwiches
401.012	Ingresos	Ingresos Hamburguesas
500.000	Costos	Costos
501.030	Costos	Materia prima directa
501.031	Costos	Materia prima directa Sandwiches
501.032	Costos	Materia prima directa Hamburguesas
501.060	Costos	Mano de obra directa
501.061	Costos	Mano de obra directa Sandwiches
501.062	Costos	Mano de obra directa Hamburguesas
600.000	Gastos	Gastos
601.010	Gastos	Sueldos y salarios
601.011	Gastos	Sueldos y salarios Sandwiches
601.012	Gastos	Sueldos y salarios Hamburguesas
601.340	Gastos	Honorarios
601.341	Gastos	Honorarios Sandwiches
601.342	Gastos	Honorarios Hamburguesas
601.450	Gastos	Arrendamiento
601.451	Gastos	Arrendamiento Sandwiches
601.452	Gastos	Arrendamiento Hamburguesas

# Cuenta	Tipo Cuenta	Cuenta
601.480	Gastos	Combustibles y lubricantes
601.481	Gastos	Combustibles y lubricantes Sandwiches
601.482	Gastos	Combustibles y lubricantes Hamburguesas
601.490	Gastos	Viáticos y gastos de viaje
601.491	Gastos	Viáticos y gastos de viaje Sandwiches
601.492	Gastos	Viáticos y gastos de viaje Hamburguesas
601.500	Gastos	Teléfono, internet
601.501	Gastos	Teléfono, internet Sandwiches
601.502	Gastos	Teléfono, internet Hamburguesas
601.510	Gastos	Agua
601.511	Gastos	Agua Sandwiches
601.512	Gastos	Agua Hamburguesas
601.520	Gastos	Energía eléctrica
601.521	Gastos	Energía eléctrica Sandwiches
601.522	Gastos	Energía eléctrica Hamburguesas
601.530	Gastos	Vigilancia y seguridad
601.531	Gastos	Vigilancia y seguridad Sandwiches
601.532	Gastos	Vigilancia y seguridad Hamburguesas
601.540	Gastos	Limpieza
601.541	Gastos	Limpieza Sandwiches
601.542	Gastos	Limpieza Hamburguesas
601.550	Gastos	Papelería y artículos de oficina
601.551	Gastos	Papelería y artículos de oficina Sandwiches
601.552	Gastos	Papelería y artículos de oficina Hamburguesas
601.560	Gastos	Mantenimiento y conservación
601.561	Gastos	Mantenimiento y conservación Sandwiches
601.562	Gastos	Mantenimiento y conservación Hamburguesas
601.570	Gastos	Seguros y fianzas
601.571	Gastos	Seguros y fianzas Sandwiches
601.572	Gastos	Seguros y fianzas Hamburguesas
601.580	Gastos	Otros impuestos y derechos
601.581	Gastos	Otros impuestos y derechos Sandwiches
601.582	Gastos	Otros impuestos y derechos Hamburguesas
601.610	Gastos	Propaganda y publicidad
601.611	Gastos	Propaganda y publicidad Sandwiches
601.612	Gastos	Propaganda y publicidad Hamburguesas
601.620	Gastos	Capacitación al personal
601.621	Gastos	Capacitación al personal Sandwiches
601.622	Gastos	Capacitación al personal Hamburguesas
601.720	Gastos	Fletes y acarreos
601.721	Gastos	Fletes y acarreos Sandwiches
601.722	Gastos	Fletes y acarreos Hamburguesas
613.010	Gastos	Depreciación de Activos Fijos (Edificio, Maq y Eq)
613.011	Gastos	Depreciación de Activos Fijos Sandwiches
613.012	Gastos	Depreciación de Activos Fijos Hamburguesas
700.000	Gastos Financieros	Gastos Financieros
701.040	Gastos Financieros	Intereses
701.100	Gastos Financieros	Comisiones bancarias

* Imagen 7

Como puedes ver la cantidad de cuentas se incrementó y esto es lo que nos va a ayudar a poder tener mayor detalle en los reportes de manera que nos permita hacer mejores análisis.

Si aun no tienes un listado de cuentas en tu negocio, puedes utilizar este listado como base y agregar o quitar las cuentas que requiera tu negocio.

Ahora vamos a realizar los registros en el "sistema" que como mencionamos podemos utilizar Excel para esto. Así que vamos a hacer el formato que utilizaremos para hacer los registros en Excel.

Si tienes Excel en tu computadora sería conveniente que hagas este ejercicio conforme lo vamos comentando, ya que al escribirlo lo podemos percibir mejor. No es necesario que seas experto en Excel para poder hacer el ejercicio, con que tengas los conocimientos básicos es suficiente, ya que lo veremos paso por paso de una manera sencilla.

Debemos ponerlo en una forma de Base de Datos, es decir, poner columnas sin dejar espacios y llenar hacia abajo la información, también sin dejar espacios.

Primero vamos a poner las columnas y para ello vamos a incluir el Número de movimiento, Descripción, Cantidad, Unidad de Medida, Negocio, después todos los activos, el singo de "=", todos los pasivos, el signo de "+", todas las cuentas de capital, Validación, Flujo, Concepto, Ingreso/Costo/Gasto, Cuenta.

Estos van a ser los títulos de nuestras columnas y podemos ponerles algún color para identificarlo de mejor manera. Estos títulos quedarían como la siguiente imagen:

| # | Descripción | Cantidad | UM | Negocio | Activo | = | Pasivo | + | Capital | | Flujo | Concepto | Ing/Cto/Gto | Cuenta |

*Imagen 8

En la parte de Activo, Pasivo y Capital, hay que poner cada una de las cuentas. Este formato puede no hacerte sentido en un principio, pero tiene una razón del porqué ordenarlo de esta manera que vamos a entender mas adelante. Por ahora vamos a empezar con el llenado de la información.

Vamos a hacer el ejemplo con 30 registros, que pudieran ser muchos, pero son necesarios para poder ver mejor los reportes y con esos 30 movimientos tendrás clara la forma de registrar, para que puedas hacerlo en tu negocio de inmediato. Algunos de los movimientos los vamos a agrupar para hacerlo de forma más rápida. En este ejemplo no vamos a incluir los impuestos para poderlo hacer sencillo.

Las reglas que hay que seguir para el llenado son las siguientes:

* Los campos de "Cantidad" y "Unidad de Medida" son para los productos solamente, si no está relacionado con productos, ponemos NA (no aplica).

* Todos los registros llevan por lo menos dos movimientos, ya sea en la parte de Activo, Pasivo o Capital. Esta es en la parte que requerimos práctica para realizarlo.

* La columna de "Validación" debe ser cero y es la resta de los Activos menos los Pasivos y el Capital. Esto podemos ponerlo con una fórmula para que ser realice de manera automática y reducir el margen de error.

* Las columnas de "Flujo" y "Concepto" solo se llenan cuando en la columna de Bancos (Activos) tenga cantidad, en los demás casos ponemos NA.

* Las columnas de "Ingreso/Costo/Gasto" y "Cuenta" solo se llenan cuando en la columna de "Utilidad del Ejercicio" (Capital) tenga cantidad, en los demás casos ponemos NA.

Si no te quedan muy claras las reglas, no te preocupes las vamos a ir viendo al registrar.

MOVIMIENTOS

En esta parte debemos tener mucha paciencia, ya que es probable que al principio no lo entendamos bien y que requiramos leerlo de nuevo e <u>ir a la imagen 10</u> en la que está <u>la captura de todos los movimientos en varias ocasiones</u>. Pero si continuamos haciendo el ejercicio, al final sabremos cómo realizar los registros y hacer los análisis.

Si por algún motivo después de leer en varias ocasiones no te queda claro cómo registrar los movimientos, puedes saltarte esta parte de registros y copiar la información donde está toda la captura (imagen 10) en una hoja de Excel, para poder realizar los análisis.

Esta parte de registrar los movimientos normalmente las hace el contador o el asistente administrativo, pero es bueno que sepamos cómo se realizan.

Para hacerlo más entendible, cuando mencionemos las columnas en las que registraremos información, las pondremos en *MAYÚSCULAS*.

Movimiento 1. Abrimos el negocio con una aportación de Capital en Efectivo por $100,000. Ponemos "1" en el *NÚMERO DE MOVIMIENTO*, en la *DESCRIPCIÓN* tecleamos "Abrir empresa". Como no es un producto ponemos "NA" en *CANTIDAD* y *UNIDAD DE MEDIDA*. Tampoco está relacionado con alguno de los Negocios que son Sanwiches (S) ni Hamburguesas (H) por lo que ponemos "NA" en *NEGOCIO*. En la parte de *BANCOS* ponemos 100,000 debido a que nos dieron en efectivo esa cantidad para abrir el negocio y como mencionamos que debe haber dos registros, el segundo es en

CAPITAL SOCIAL por esa aportación de los socios para abrir el negocio.

La columna de **VALIDACIÓN** es una fórmula que incluye Activos menos Pasivos y menos Capital, en este caso en Activos hay 100,000 (Bancos), en Pasivos no hay nada y en Capital hay 100,000 (Capital Social). Por lo tanto es cero debido a que 100,000 - 0 - 100000 = 0.

Debido a que la columna de Bancos tiene cantidad (100,000), debemos poner información en la columna de **FLUJO** y en la de **CONCEPTO**, que en este caso serían "Financiamiento" (por ser una operación de Financiamiento) y "Apertura".

Como no hay cantidad en la columna de Utilidad del Ejercicio (que a este punto ni siquiera hemos utilizado esa cuenta), ponemos "NA" en **INGRESO/COSTO/GASTO** y en la **CUENTA**.

De manera que el registro quedaría como la siguiente imagen:

#	Descripción	Cantidad	UM	Negocio	Activo Bancos	=	Pasivo Proveedor	+	Capital Cap Social	Debe ser 0	Lo que tenga Bancos Flujo	Concepto	Lo que tenga Utilidad Ing/Cto/Gto	Cuenta
1	Abrir empresa	NA	NA	NA	100,000	=		+	100,000	-	Financiamiento	Apertura	NA	NA

*Imagen 9

En los demás movimientos los registros se hacen de la misma manera y no voy a poner tanta explicación para no hacerla tan extensa. Al final de todos los movimientos voy a incluir una imagen para que veas como debe quedar (imagen 10) y lo compares con los registros que estás haciendo en excel.

Las cuentas de Activo, Pasivo y Capital que vamos a poner en Excel solo serán las que utilizaremos en este ejemplo para no hacer tan extenso el archivo y poder apreciarlo mejor.

* Copia las columnas tal y como están en la imagen 10 para que el llenado sea más sencillo.

Movimiento 2. Se compra el equipo para hacer los Sandwiches y las Hamburguesas en $48,000. No está relacionado con Productos ni **UNIDAD DE NEGOCIO**. En **BANCOS** (Activo) ponemos -48,000 porque es una salida de dinero y en **ACTIVO FIJO** 48,000 (Activo) Sí hay cantidad en Bancos, es un **FLUJO** de "Inversión" y en **CONCEPTO** ponemos "Maquinaria". No hay cantidad en **UTILIDAD DEL EJERCICIO**, por lo que las dos últimas columnas son "NA".

Si tienes duda cómo se registra puedes ir hacia adelante en donde están los registros de los 30 movimientos (imagen 10), esto mismo puedes hacer con el resto de los movimientos.

De ahora en adelante lo que sea relacionado con Sandwiches pondremos solo la letra "S" y lo relacionado con Hamburguesas solo la letra "H".

Movimiento 3, 4, 5 y 6. Compra de materiales para hacer 2,000 S y 2,000 H. Pan S por un total de $6,000 (precio de cada pan $3.00), Jamón por $7,000 (precio rebanada jamón $3.50), Pan H por $7,500 (precio unitario $3.75) y Carne por $12,500 (precio unitario $6.25). Vamos a registrar esas cantidades por separado en **BANCOS** y con signo negativo porque son salidas de dinero y por otro lado registramos las mismas cantidades en la columna de **INVENTARIOS DE CADA PRODUCTO**. En la parte de **FLUJO** es "Operativo" y **CONCEPTO** es "Materiales".

Movimiento 7. Venta de Contado de 1,200 S a $16 cada uno, ingreso de $19,200. Se registra en **BANCOS** y en **UTILIDAD DEL EJERCICIO**. Todas las Ventas, Costos y Gastos van a registrarse en Utilidad del Ejercicio. En **FLUJO** es "Operación". En **CONCEPTO** es "Venta". En **INGRESO/COSTO/GASTO** es "Ingreso" y en **CUENTA** también es "Ingreso".

Movimiento 8 y 9. Están relacionados con el movimiento anterior de la Venta, ya que para poder hacer la venta agarramos del material 1,200 unidades de Pan y de Jamón.

En el caso del Pan S la cantidad es de $3,600 (1,200 por $3.00 que cuesta). Se resta del **INVENTARIO** y se resta en **UTILIDAD DEL EJERCICIO**. Como no hay cantidad en **BANCOS** la columna **FLUJO** y **CONCEPTO** van con "NA". En **INGRESO/COSTO/GASTO** es "Costo" y en **CUENTA** es "Costo material". El mismo cálculo para el Jamón, pero con el costo de $3.50 por rebanada.

Movimiento 10. Venta de Contado de 1,000 H a $20 cada una con ingreso total de $20,000. La forma de registro es igual que el movimiento 7.

Movimiento 11 y 12. Es para reducir el material del Inventario y es el mismo procedimiento que para los movimientos 8 y 9.

Movimiento 13. Venta a Crédito de 600 S, Ingreso de $9,600. Se registra en **CLIENTES** y en **UTILIDAD DEL EJERICIO**.

Movimiento 14 y 15. Es para registrar la salida de inventario. Son iguales al 8 y 9 solo que la cantidad es por 600 unidades.

Movimiento 16. Venta a Crédito de 700 H, Ingreso de $14,000. Se registra en **CLIENTES** y en **UTILIDAD DEL EJERICIO**.

Movimiento 17 y 18. Es para registrar la salida de inventario. Son iguales al 11 y 12 solo que la cantidad es por 700 unidades.

Movimiento 19 y 20. Tenemos una persona que hace los S y H por lo que la consideramos Mano de Obra Directa (Costo), se le pagan $6,000 pesos al mes y para realizar el registro en cada producto es como lo mencionamos en la parte teórica de medir el tiempo, en este caso vamos a decir que le lleva el 40% del tiempo del mes en S y el 60% en H ya que el preparar la carne para H le toma más tiempo.

En base a esto hacemos el registro, para el cual no vamos a tomar en cuenta los impuestos, el imss, etc para hacerlo más sencillo. El registro es $2,400 como disminución Mano de Obra S en **EFECTIVO** y disminución en **UTILIDAD DEL EJERCICIO**. Es

FLUJO de "Operación", **CONCEPTO** "Nómina". Es "Costo" y "Mano de Obra Directa". Lo mismo para el registro de S pero con $3,600.

Movimiento 21 y 22. Rentamos un Local en $10,000 y hacemos la misma asignación por unidad de negocio (40% S y 60% H). Por lo que, para S, disminuímos en *EFECTIVO* y en *UTILIDAD DEL EJERCICIO* $4,000. Es *FLUJO* de "Operación". **CONCEPTO** "Renta". Es un "Gasto de Arrendamiento". Lo mismo para H pero con $6,000.

La mejor manera de entender la asignación de los gastos comunes como la renta de local, luz, gas, etc es imaginándonos como si rentáramos o contratáramos a un tercero que tenga el equipo y personal como el nuestro. Como si pagáramos una renta por el equipo o mano de obra en base a la utilización (tiempo) que le demos en cada producto por separado.

Movimiento 23 y 24. Registramos la luz del mes por $5,000 pesos, sin embargo el recibo lo pagamos hasta el siguiente mes. Hacemos la misma asignación por unidad de negocio (40% S y 60% H), por lo que para S, ponemos los $2,000 como *PROVEEDORES* y en *UTILIDAD DEL EJERCICIO*. Es un "Gasto" de "Luz". Lo mismo para H pero con $3,000.

Movimiento 25 y 26. Pagamos Agua por $600, hacemos una asignación por unidad de negocio (50% S y 50% H) ya que utilizamos la misma cantidad de agua para actividades de limpieza de ambos productos. Por lo que, para S, disminuímos en **EFECTIVO** y en **UTILIDAD DEL EJERCICIO** $300. Es **FLUJO** de "Operación". **CONCEPTO** "Agua". Es un **GASTO** de "Agua". Lo mismo para H con la misma cantidad en este caso de $300.

Movimiento 27 y 28. Registramos el sueldo del dueño, lo calculamos en base al sueldo de un supervisor de tiempo parcial para este tipo de negocios y como en la realidad no se le está pagando, registramos $7,000 pesos y hacemos la misma asignación por unidad de negocio (40% S y 60% H), por lo que para S, ponemos $2,800 como **PRÉSTAMO** y en **UTILIDAD DEL EJERCICIO**. Es un **GASTO** de "Sueldos". Lo mismo para H pero con $4,200.

Movimiento 29 y 30. Registramos la depreciación del mes, la calculamos en base al valor del equipo y lo dividimos entre la cantidad de meses que estimamos va a durar ese equipo, si son 8 años, corresponde a 96 meses. El resultado son $500 y es la cantidad que vamos a ingresar como depreciación. Hacemos la misma asignación por unidad de negocio (40% S y 60% H), por lo que para S, ponemos $200 como **DEPRECIACIÓN ACUMULADA** y **UTILIDAD DEL EJERCICIO**. Es un **GASTO** de "Depreciación". Lo mismo para H pero con $300.

Ya que hiciste todos los registros te deben quedar como la siguiente imagen:

					Activo									Pasivo			Capital		Debe ser 0	Lo que tenga Bancos		Lo que tenga Utilidad	
#	Descripción	Cantidad	UM	Negocio	Bancos	Clientes	Inv Pan S	Inv Jamón	Inv Pan H	Inv Carne	Activo Fijo	Dep Acum	=	Proveedor	Préstamo	+	Cap Social	Ut Ejercicio		Flujo	Concepto	Ing/Cto/Gto	Cuenta
1	Abrir empresa	NA	NA	NA	100,000								=			+	100,000		-	Financiamiento	Apertura	NA	NA
2	Compra Equipo	NA	NA	NA	- 48,000						48,000		=			+				Inversión	Maquinaria	NA	NA
3	Compra Pan S	2,000	pz	S	6,000		6,000						=			+				Operación	Materiales	NA	NA
4	Compra Pan H	2,000	pz	H	- 7,500				7,500				=			+			-	Operación	Materiales	NA	NA
5	Compra Jamón	2,000	pz	S	7,000			7,000					=			+				Operación	Materiales	NA	NA
6	Compra Carne	2,000	pz	H	- 12,500					12,500						+			-	Operación	Materiales	NA	NA
7	Venta contado S	1,200	pz	S	19,200								=			+		19,200	-	Operación	Venta	Ingreso	Ingreso
8	Venta contado S	1,200	pz	S			- 3,600						=			+		3,600		NA	NA	Costo	Costo material
9	Venta contado S	1,200	pz	S				- 4,200					=			+		4,200	-	NA	NA	Costo	Costo material
10	Venta contado H	1,000	pz	H	20,000								=			+		20,000		Operación	Venta	Ingreso	Ingreso
11	Venta contado H	1,000	pz	H					- 3,750				=			+		3,750		NA	NA	Costo	Costo material
12	Venta contado H	1,000	pz	H						6,250			=			+		6,250		NA	NA	Costo	Costo material
13	Venta a crédito S	500	pz	S		9,600							=			+		9,600	-	NA	NA	Ingreso	Ingreso
14	Venta a crédito S	500	pz	S			- 1,800						=			+		1,800		NA	NA	Costo	Costo material
15	Venta a crédito S	500	pz	S				- 2,100					=			+		2,100		NA	NA	Costo	Costo material
16	Venta a crédito H	700	pz	H		14,000							=			+		14,000	-	NA	NA	Ingreso	Ingreso
17	Venta a crédito H	700	pz	H					2,625				=			+		2,625		NA	NA	Costo	Costo material
18	Venta a crédito H	700	pz	H						4,375			=			+		4,375		NA	NA	Costo	Costo material
19	Mano Obra Dir S	NA	NA	S	2,400								=			+		2,400		Operación	Nómina	Costo	Mano Obra Dir
20	Mano Obra Dir H	NA	NA	H	- 3,600								=			+		3,600	-	Operación	Nómina	Costo	Mano Obra Dir
21	Renta Local S	NA	NA	S	- 4,000								=			+		4,000	-	Operación	Renta	Gasto	Arrendamiento
22	Renta Local H	NA	NA	H	- 6,000								=			+		6,000	-	Operación	Renta	Gasto	Arrendamiento
23	Luz S	NA	NA	S									=	2,000		+		2,000	-	NA	NA	Gasto	Luz
24	Luz H	NA	NA	H									=	3,000		+		3,000		NA	NA	Gasto	Luz
25	Agua S	NA	NA	S	300								=			+		300		Operación	Agua	Gasto	Agua
26	Agua H	NA	NA	H	300								=			+		300		Operación	Agua	Gasto	Agua
27	Sueldos S	NA	NA	S									=		2,800	+		2,800		NA	NA	Gasto	Sueldos
28	Sueldos H	NA	NA	H											4,200	+		4,200	-	NA	NA	Gasto	Sueldos
29	Depreciación S	NA	NA	S								- 200	=			+		200	-	NA	NA	Gasto	Depreciación
30	Depreciación H	NA	NA	H								300	=			+		300		NA	NA	Gasto	Depreciación

*Imagen 10

Esta imagen 10 se incluye en tamaño más grande al final (en Anexo 1).

Revisa tus registros contra la imagen anterior. Si algo está diferente hay que ver a que se debe y hacer la corrección.

En la práctica hay que incluir más campos a este archivo para tener la información más completa, como una columna para la fecha del movimiento, con la que podamos hacer análisis y comparativos por mes. También se incluye el número de cuenta que definimos en el listado de cuentas. Pero para este ejercicio lo dejamos de esta manera para no hacer más extenso el archivo.

Ahora hagámos los Reportes o Estados Financieros con esta información.

REPORTES CON TABLAS DINÁMICAS

Vamos a seleccionar la información de la hoja en donde hicimos todos los registros, que es a partir de la celda A2 hasta la X32, es importante que cuando hagamos tablas dinámicas todos los campos tengan un título, por lo menos una letra. De lo contrario no nos permitirá hacer la tabla dinámica.

Seleccionamos el Menú Insertar – Tabla dinámica, nos aparecerá automáticamente la siguiente alerta en la que nos indica las celdas que escogimos. Oprimimos aceptar para que se despliegue la tabla dinámica en otra hoja.

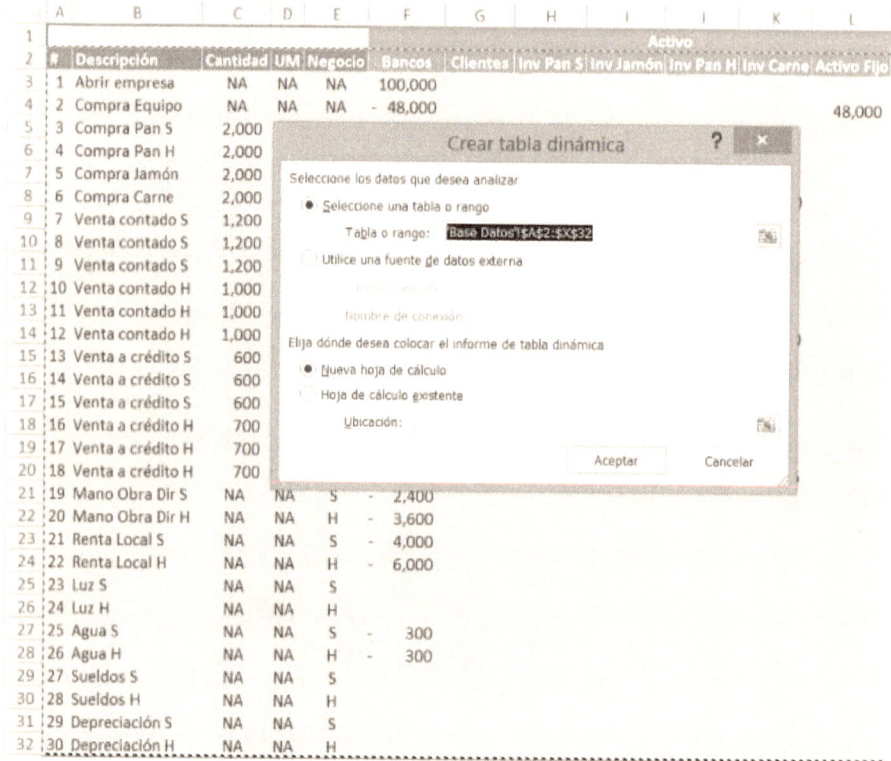

*Imagen 11

Se va a abrir una nueva hoja con una imagen como la siguiente:

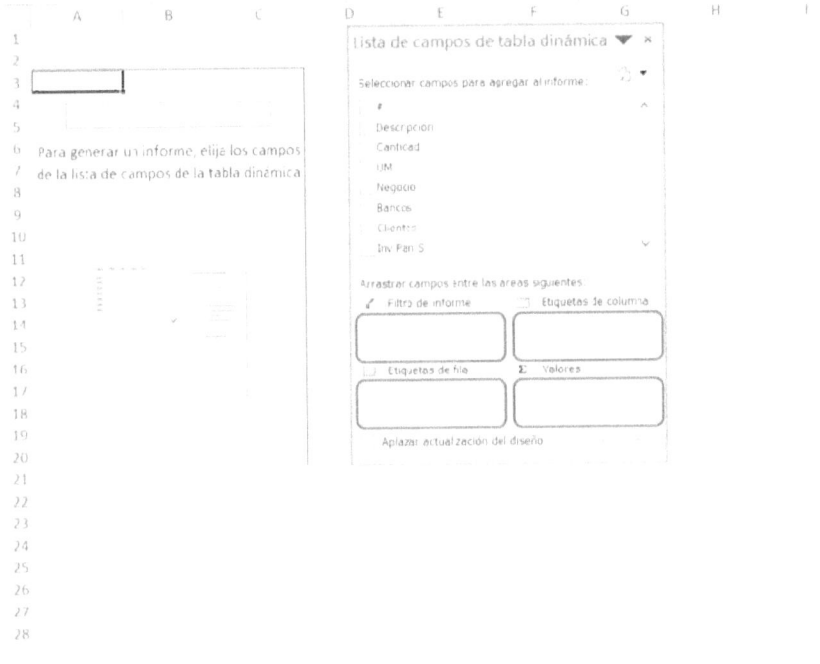

*Imagen 12

El cuadro de la derecha es la parte en la que se diseña la tabla dinámica, en los cuatro campos de abajo es en donde vamos a indicar qué información queremos y cómo la necesitamos ver. Ahí podemos poner filtros de informe, la información que queremos ordenada por columnas, la que queremos por filas y los valores.

Debemos hacer un buen diseño de la tabla dinámica, ya que la intención es que no necesitemos hacerlas de nuevo, es decir, que solo hagamos las tablas dinámicas una vez y posteriormente se actualice la información al realizar mas registros en la hoja de captura en meses posteriores.

Vamos a hacer varios tipos de tablas dinámicas con los diferentes Reportes (Estados Financieros). El primero que vamos a hacer es el Balance General y vamos a poner todas las cuentas de los activos, pasivos y capital en el cuadro de valores.

Para hacer esto seleccionamos cada campo (uno por uno) y lo arrastramos hasta el campo de Valores, la tabla tomará la forma de la siguiente imagen:

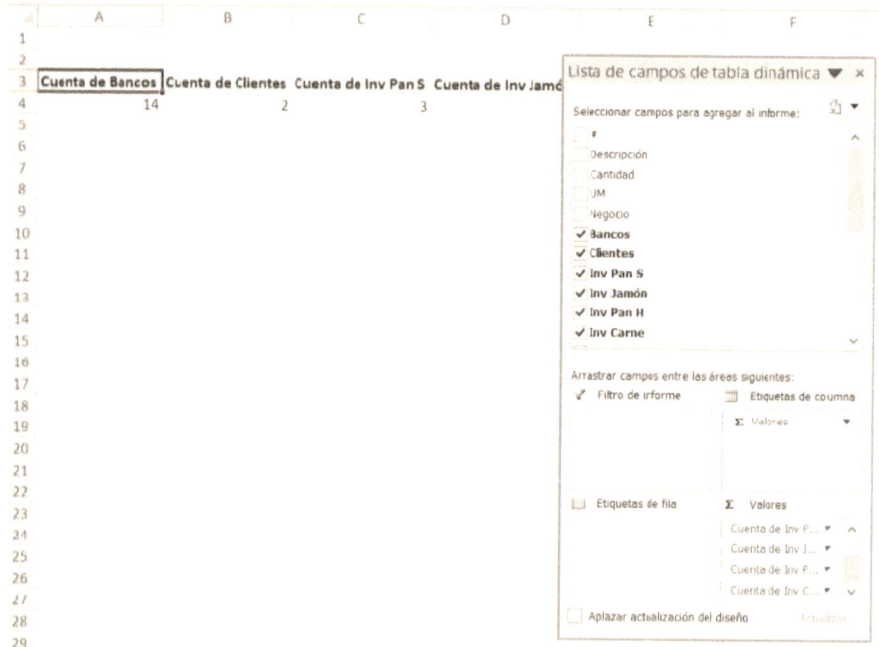

*Imagen 13

Es probable que, como en este caso, los campos se pongan en formato de "contar" en lugar de "sumar". Nos damos cuenta porque al principio de cada título dice "<u>Cuenta</u> de Bancos" y es necesario cambiarlo ya que nos dice que tenemos 14, es decir catorce movimientos, pero nosotros no queremos ver la cantidad de movimientos, sino la suma de todos ellos. Por lo que debemos cambiarlo y para ello nos posicionamos en el campo, damos click derecho, seleccionamos "configuración campo de valor" – Suma como en la siguiente imagen.

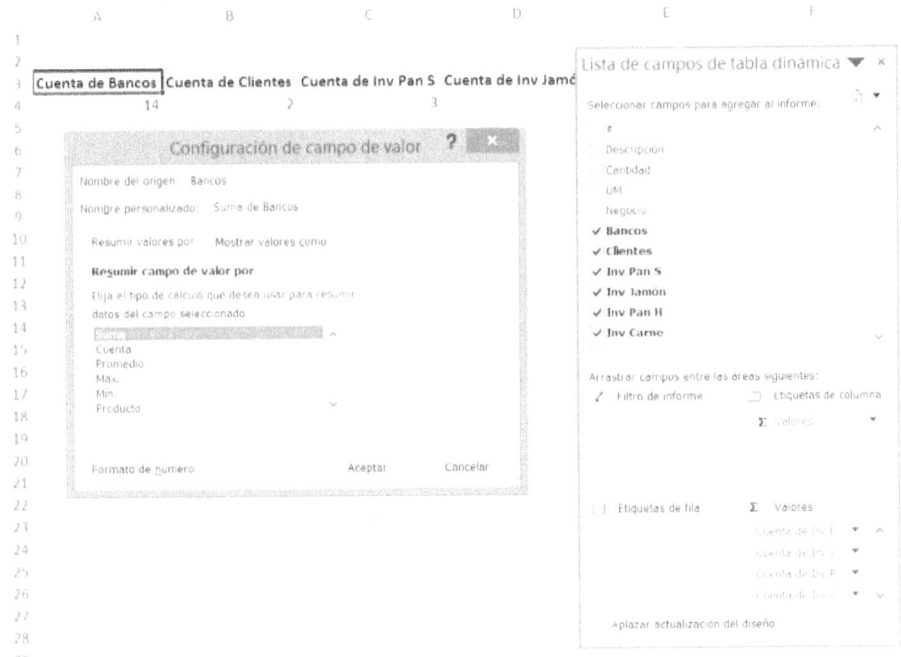

*Imagen 14

Aquí mismo podemos seleccionar el "formato de número" que es el botón de la parte inferior izquierda para darle formato con comas y puntos.

Hay que hacer lo mismo para todas las cuentas de activos, pasivos y capital.

Si batallas en hacer esta tabla dinámica o alguna de las otras que veremos, con gusto puedo enviarte el archivo en Excel si me lo solicitas a mi correo cpcarlosramos@cprqconsultoria.com, para que compares la información con la de tu archivo y puedas hacer las modificarlo para corregirlo.

Nota: Las tablas dinámicas se pueden poner de varias formas, prácticamente al gusto de la persona. Lo que alguien quiera ver en las columnas, otra persona lo prefiere ver en las filas o en los filtros. Lo importante es que podamos incluir la información que necesitamos para realizar los análisis.

Abajo de la tabla dinámica ponemos el formato en el que queremos ver el reporte. Esto se hace solo una vez, ya que lo vamos a vincular a la tabla dinámica y al actualizar la tabla dinámica, también se va a actualizar el reporte.

Ponemos en la parte izquierda los Activos y en la derecha Pasivos y Capital. Le damos formato a los títulos con fondo azul y letras blancas para poder visualizarlo mejor. Posteriormente vinculamos cada campo a la tabla dinámica, por ejemplo, en la celda de bancos ponemos el signo " = " , seleccionamos la celda de la tabla dinámica en donde está el valor de Bancos y damos enter.

El campo debe verse como la siguiente imagen:

	A	B	C	D
1				
2				
3	Suma de Bancos	Suma de Clientes	Suma de Inv Pan S	Suma de Inv Jamón Suma de
4	41,600.00	23,600.00	600.00	700.00
5				
6				
7	ACTIVO		PASIVO	
8	Bancos	41,600.00	Proveedores	5,000.00
9	Clientes	23,600.00	Préstamo	7,000.00
10	Inventario Pan S	600.00	TOTAL PASIVO	12,000.00
11	Inventario Jamón	700.00		
12	Inventario Pan H	1,125.00	CAPITAL	
13	Inventario Carne	1,875.00	Capital Social	100,000.00
14	Activo Fijo	48,000.00	Utilidades Ejercicio	5,000.00
15	Depreciación Acum -	500.00	TOTAL CAPITAL	105,000.00
16				
17	TOTAL ACTIVO	117,000.00	PASIVO + CAPITAL	117,000.00
18				

*Imagen 15

Hacemos lo mismo con las demás cuentas, solo en las celdas de Total Activo, Total Pasivo, Total Capital y Pasivo + Capital ponemos sumatorias con la función de suma Σ que está en el menú de inicio.

Aquí ya podemos empezar a ver los números del negocio y hacer métricos que podamos analizar cada mes, por ejemplo podemos ver que los Clientes (lo que nos deben los Clientes) son mayores a los Proveedores (lo que debemos a los Proveedores), lo que no es bueno porque quiere decir que los Clientes se están apalancando más con nuestro dinero, del que nosotros lo hacemos con nuestros proveedores y podemos poner un métrico para ello que podemos nombrarlo Cartera.

Métrico Cartera = Clientes/Proveedores

Métrico Cartera = 23,600 / 5,000 = 4.7

El objetivo es de que este número sea uno o menor que uno, es decir que lo que nos deben los clientes sea menor a lo que les debemos a los proveedores, por lo que en este caso estamos lejos de ello y debemos buscar acciones que nos permitan lograrlo.

Hay cuentas como Bancos y Utilidades del Ejercicio en las que es necesario ver un mayor detalle para tener más clara la foto del negocio y es por eso que se hacen los otros reportes.

Hagamos ahora el Reporte para ver el detalle de Bancos al que se le llama Flujo de Efectivo.

Hacemos lo mismo que para la tabla dinámica anterior, seleccionamos el Menú Insertar – Tabla dinámica, nos aparecerá automáticamente la siguiente alerta en la que nos indica las celdas que escogimos. Oprimimos aceptar para que se despliegue la tabla dinámica en otra hoja.

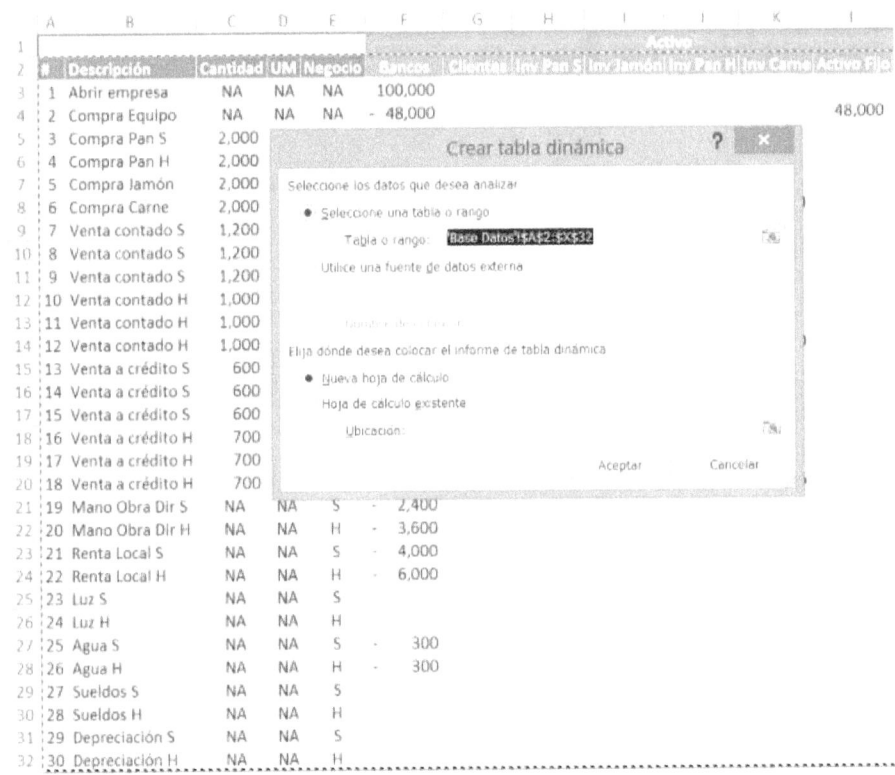

*Imagen 16

Se va a abrir una nueva hoja (aparte de la que hicimos la tabla anterior) con una imagen como la siguiente:

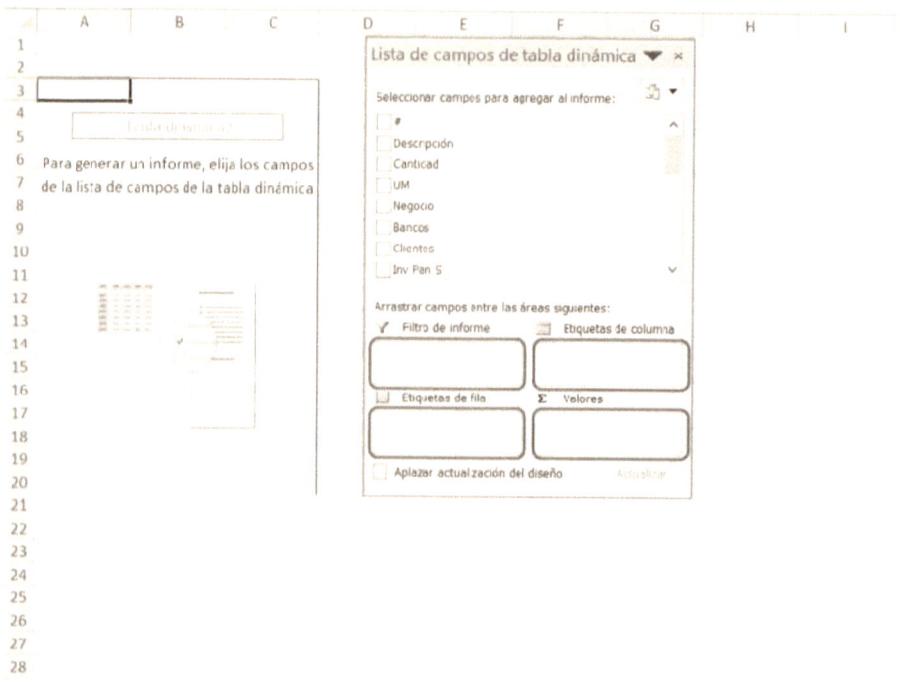

*Imagen 17

Para este reporte vamos a arrastrar en el cuadro de "Etiquetas de Filas" los campos de **Flujo** y **Concepto**. Y en el cuadro de "Valores" el campo de **Bancos**.

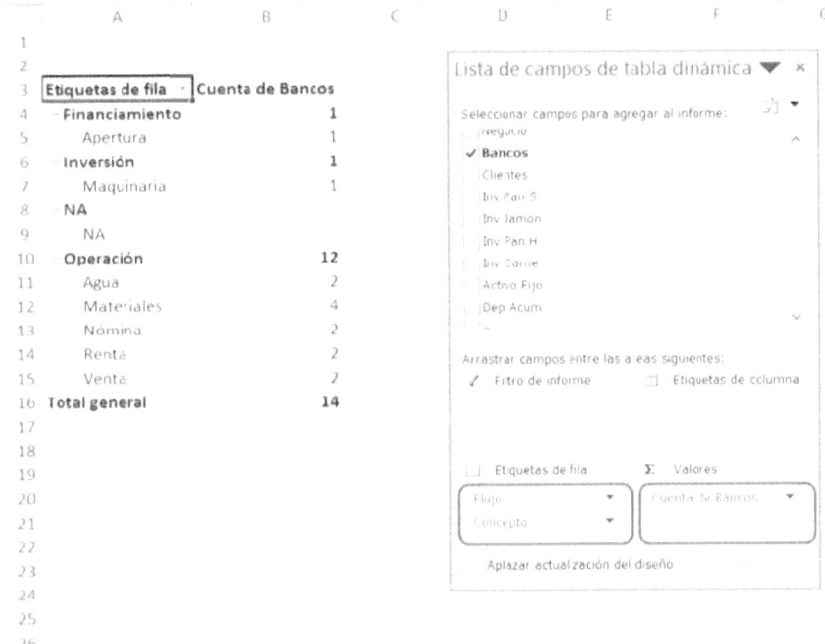

*Imagen 18

La información en el campo de Bancos se pone por default para "Contar", hacemos lo mismo que la tabla anterior para ponerlo como "Suma". Por lo que damos click derecho, seleccionamos "configuración campo de valor" – Suma.

Podemos darle un mejor formato a la tabla, para esto vamos al Menú Diseño – Diseño del Informe – Formato Tabular.

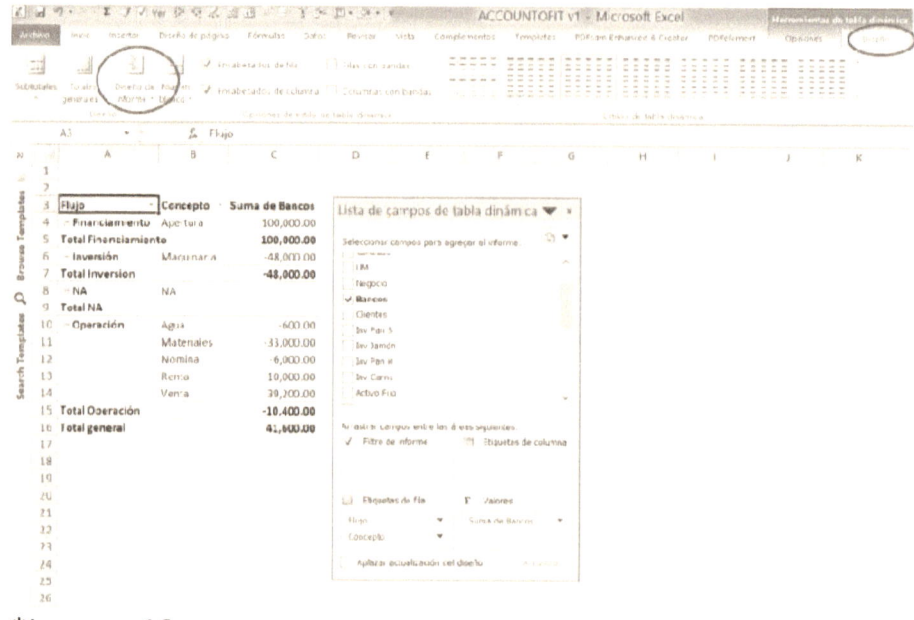

*Imagen 19

Podemos ordenar la tabla para poner primero la Operación, después Inversión y al Final Financiamiento, esto lo hacemos arrastrando la celda de Operación hacia arriba y moviendo las demás de la misma manera.

También en la columna de Concepto podemos acomodarlo de manera que quede primero la venta, después materiales y posteriormente los demás conceptos.

El reporte quedaría de la siguiente manera:

	Flujo	Concepto	Suma de Bancos
3	Flujo	Concepto	Suma de Bancos
4	Operación	Venta	39,200.00
5		Materiales	-33,000.00
6		Renta	-10,000.00
7		Nómina	-6,000.00
8		Agua	-600.00
9	**Total Operación**		**-10,400.00**
10	Inversión	Maquinaria	-48,000.00
11	**Total Inversión**		**-48,000.00**
12	Financiamiento	Apertura	100,000.00
13	**Total Financiamiento**		**100,000.00**
14	NA	NA	
15	**Total NA**		
16	**Total general**		**41,600.00**

*Imagen 20

Con esta información podemos hacer más análisis, ya que podemos darnos cuenta de que aunque tenemos en Banco $41,600 pesos, el flujo de la Operación es negativo en $10,400 pesos y eso no es bueno por lo que debemos tomar decisiones para no quedarnos sin dinero.

Ahora veamos el Reporte del Estado de Resultados.

Hacemos lo mismo que en las tablas dinámicas anteriores, seleccionamos el Menú Insertar – Tabla dinámica, nos aparecerá automáticamente la siguiente alerta en la que nos indica las celdas que escogimos. Oprimimos aceptar para que se despliegue la tabla dinámica en otra hoja.

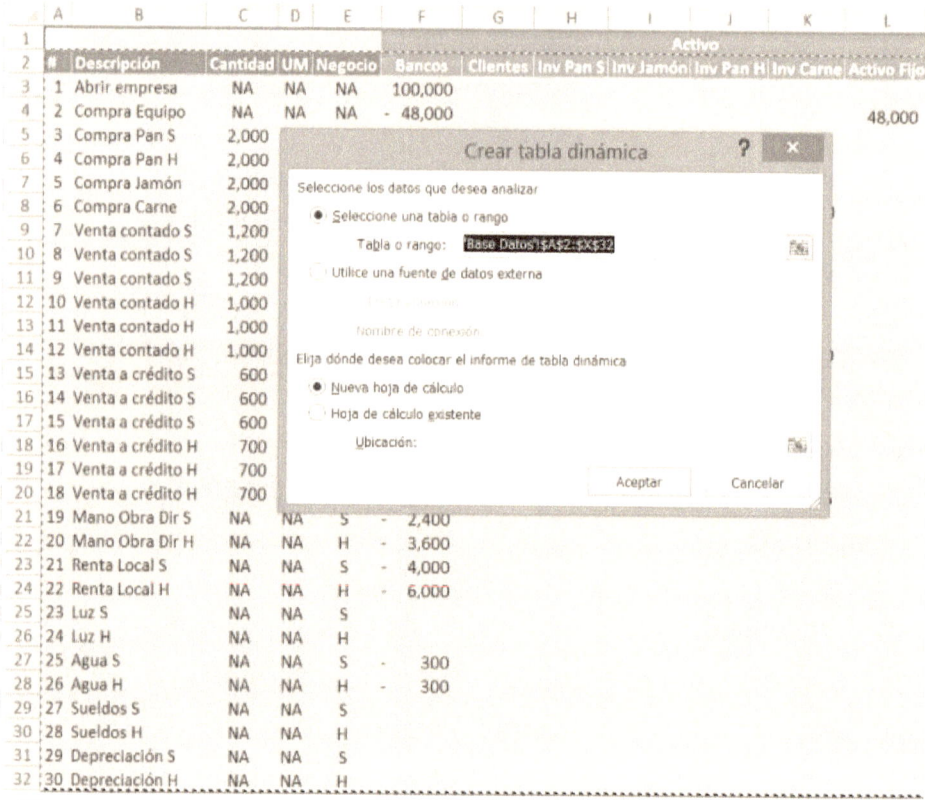

	A	B	C	D	E	F	G	H	I	J	K	L
1									Activo			
2	#	Descripción	Cantidad	UM	Negocio	Bancos	Clientes	Inv Pan S	Inv Jamón	Inv Pan H	Inv Carne	Activo Fijo
3	1	Abrir empresa	NA	NA	NA	100,000						
4	2	Compra Equipo	NA	NA	NA	- 48,000						48,000
5	3	Compra Pan S	2,000									
6	4	Compra Pan H	2,000									
7	5	Compra Jamón	2,000									
8	6	Compra Carne	2,000									
9	7	Venta contado S	1,200									
10	8	Venta contado S	1,200									
11	9	Venta contado S	1,200									
12	10	Venta contado H	1,000									
13	11	Venta contado H	1,000									
14	12	Venta contado H	1,000									
15	13	Venta a crédito S	600									
16	14	Venta a crédito S	600									
17	15	Venta a crédito S	600									
18	16	Venta a crédito H	700									
19	17	Venta a crédito H	700									
20	18	Venta a crédito H	700									
21	19	Mano Obra Dir S	NA	NA	S	-	2,400					
22	20	Mano Obra Dir H	NA	NA	H	-	3,600					
23	21	Renta Local S	NA	NA	S	-	4,000					
24	22	Renta Local H	NA	NA	H	-	6,000					
25	23	Luz S	NA	NA	S							
26	24	Luz H	NA	NA	H							
27	25	Agua S	NA	NA	S	-	300					
28	26	Agua H	NA	NA	H	-	300					
29	27	Sueldos S	NA	NA	S							
30	28	Sueldos H	NA	NA	H							
31	29	Depreciación S	NA	NA	S							
32	30	Depreciación H	NA	NA	H							

*Imagen 21

Se va a abrir una nueva hoja (aparte de las otras tablas) con una imagen como la siguiente:

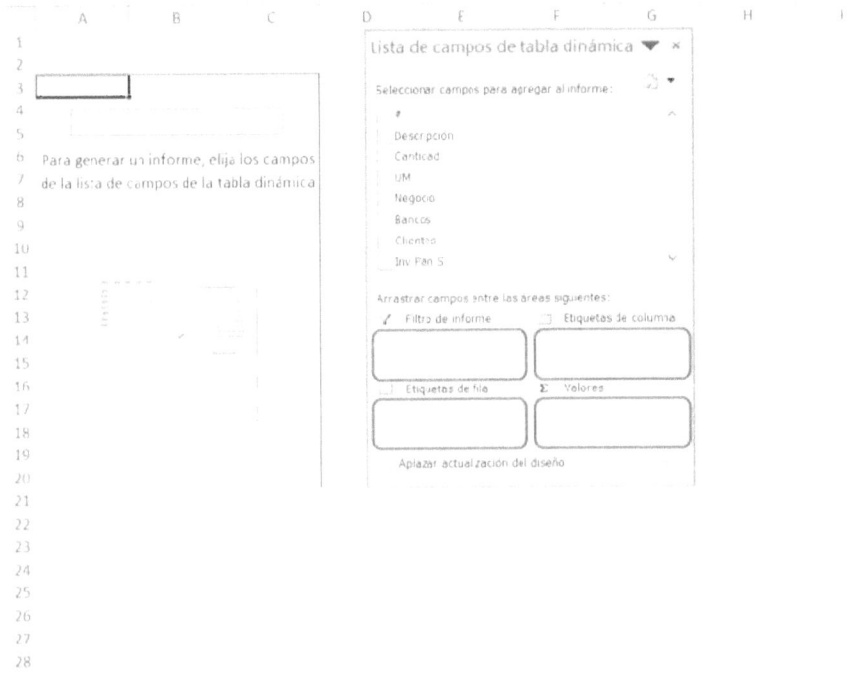

*Imagen 22

Para este reporte vamos a arrastrar en el cuadro de "Etiquetas de Filas" los campos de **Ingreso/Costo/Gasto** y **Cuenta**. En el cuadro de "Valores" el campo de **Utilidad del Ejercicio**.

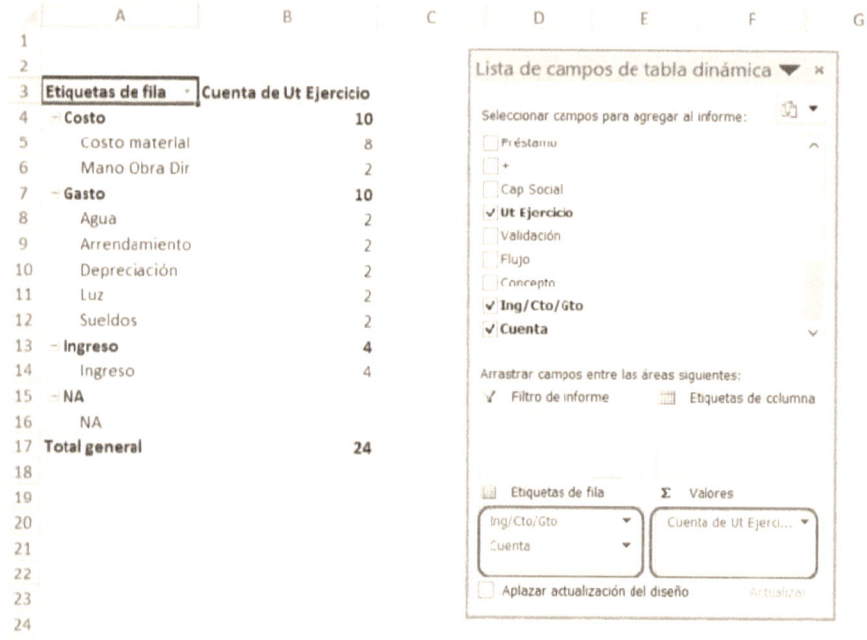

*Imagen 23

La información en el campo de Utilidad del Ejercicio se pone por default para "Contarlo", hacemos lo mismo que la tabla anterior para ponerlo como "Suma". Por lo que damos click derecho, seleccionamos "configuración campo de valor" – Suma

Podemos darle un mejor formato a la tabla, para esto vamos al Menú Diseño – Diseño del Informe – Formato Tabular.

También podemos darle orden para incluir primero los Ingresos, posteriormente Costos y después Gastos. Esto lo hacemos arrastrando las celdas de Ingreso, Costo y Gasto hacia arriba o hacia abajo, según lo queramos. Lo mismo podemos hacer para ordenar la columna de cuenta de la manera primero tengamos los Sueldos, posteriormente Arrendamiento y después las demás cuentas.

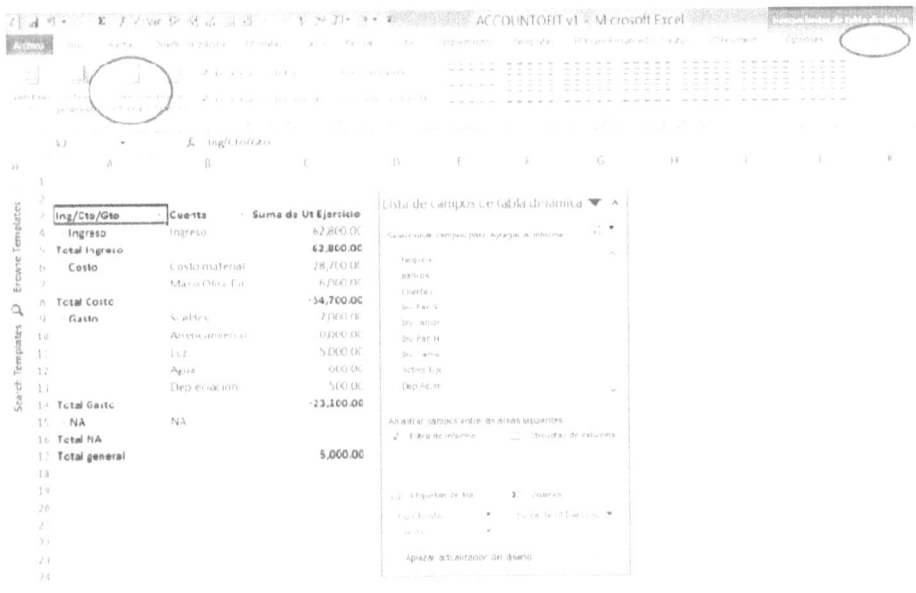

*Imagen 24

En la parte de abajo de esta tabla está un campo que dice NA, como esta parte no tiene cantidad, podemos quitarla y para hacerlo oprimimos el botón que está en la parte derecha de la celda "Ing/Cto/Gto" y desseleccionamos el campo NA.

El reporte quedaría de la siguiente manera:

77

	Ing/Cto/Gto	Cuenta	Suma de Ut Ejercicio
3	Ing/Cto/Gto	Cuenta	Suma de Ut Ejercicio
4	Ingreso	Ingreso	62,800.00
5	Total Ingreso		62,800.00
6	Costo	Costo material	-28,700.00
7		Mano Obra Dir	-6,000.00
8	Total Costo		-34,700.00
9	Gasto	Sueldos	-7,000.00
10		Arrendamiento	-10,000.00
11		Luz	-5,000.00
12		Agua	-600.00
13		Depreciación	-500.00
14	Total Gasto		-23,100.00
15	Total general		5,000.00

*Imagen 25

Con esta información podemos ver que tenemos una utilidad de $5,000 pesos y podemos ver algunos métricos como el porcentaje de Utilidad entre la venta que en este caso es el 8% (5,000 / 62,800) que podemos comparar contra otros negocios de nuestro mismo giro.

También podemos ver el porcentaje de Utilidad entre la inversión (la inversión la tomamos del reporte de Balance General) y que es 6% mensual (5,000 / 80,000). Que es el rendimiento que nos da el dinero que invertimos, por lo que podemos compararlo contra lo que nos daría por esta misma cantidad de dinero el Banco o alguna otra inversión.

Pero en este reporte no podemos ver análisis más detallados que nos permitan saber en qué producto ganamos más, el punto de equilibrio, etc. Que es lo que normalmente sucede cuando registramos la información para fines de impuestos.

Pero como sí realizamos registros con detalle, es solo acomodar el reporte con más información para poder realizar los análisis que queremos.

Para esto solo vamos a incluir en la misma tabla dinámica un campo más en la parte de "Etiquetas de Columna" y que es el campo de **Negocio**.

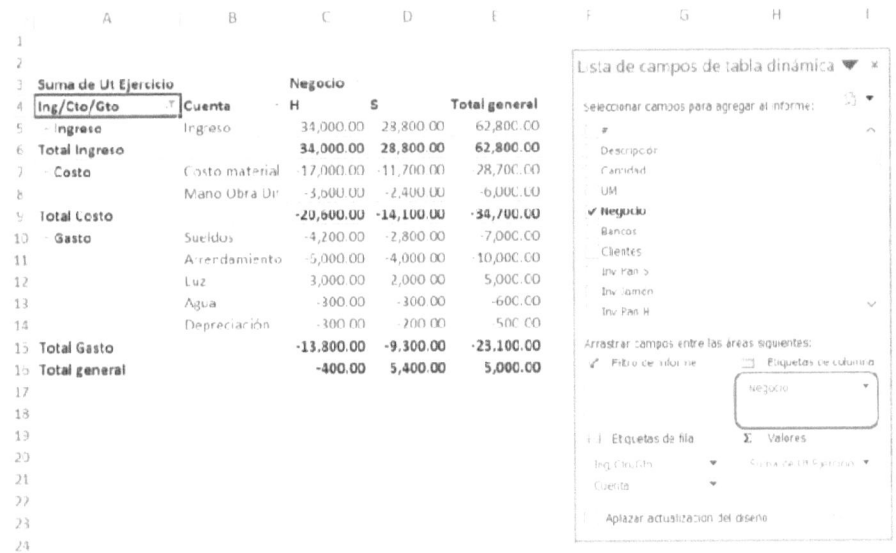

*Imagen 26

El reporte quedaría de la siguiente manera:

	Suma de Ut Ejercicio		Negocio		
3	Ing/Cto/Gto	Cuenta	H	S	Total general
4					
5	− Ingreso	Ingreso	34,000.00	28,800.00	62,800.00
6	Total Ingreso		34,000.00	28,800.00	62,800.00
7	− Costo	Costo material	-17,000.00	-11,700.00	-28,700.00
8		Mano Obra Dir	-3,600.00	-2,400.00	-6,000.00
9	Total Costo		-20,600.00	-14,100.00	-34,700.00
10	− Gasto	Sueldos	-4,200.00	-2,800.00	-7,000.00
11		Arrendamiento	-6,000.00	-4,000.00	-10,000.00
12		Luz	-3,000.00	-2,000.00	-5,000.00
13		Agua	-300.00	-300.00	-600.00
14		Depreciación	-300.00	-200.00	-500.00
15	Total Gasto		-13,800.00	-9,300.00	-23,100.00
16	Total general		-400.00	5,400.00	5,000.00

*Imagen 27

Ahora sí podemos ver en este reporte en qué producto ganamos más, que en este caso son los Sandwiches (S) que aunque la venta es menor que las Hamburguesas (H), la ganancia de S es $5,400 y la de H es una pérdida de $400. Hay una diferencia muy grande entre las ganancias de un producto y el otro (en este caso pérdida en uno de los productos) y en base a esto se pueden tomar decisiones como publicidad hacia cierto producto y hacer más análisis en algunos gastos derivados del tiempo que se le dedica a cada producto, cómo reducir gastos, simplificar procesos, reducir tiempos, etc.

Este tipo de situaciones en las que hay productos con pérdida es muy común en los negocios, ya que algunos productos subsidian a otros y como en general tenemos ganancias, no ponemos atención al detalle por producto. Sin embargo si lo analizamos de esta manera y logramos eliminar la pérdida en ese producto, automáticamente incrementaremos las ganancias.

RESUMEN

Si ponemos los tres Reportes para poder analizarlos tenemos la siguiente foto:

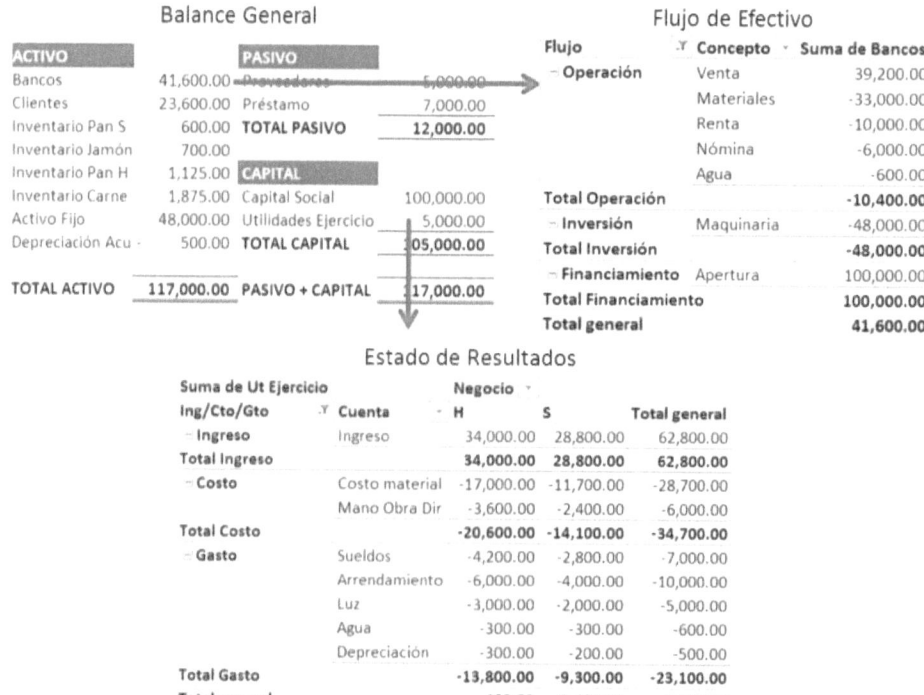

*Imagen 28

En lo personal me gusta ver primero el Estado de Resultados para saber si estamos ganando o perdiendo y en qué productos se gana más que en otros o inclusive en cuales productos se pierde (que es una situación común en muchos negocios), para tomar las acciones necesarias y publicitar más cierto producto, reducir costos o tiempos en otro o inclusive dejar de producir algún producto si esa es la mejor opción.

Al ver el Flujo de Efectivo nos damos cuenta que en la operación se tuvo un flujo negativo y al ver el Balance General nos damos cuenta que lo que nos deben los Clientes es muy alto en comparación a lo que nosotros debemos, por lo que debemos buscar cobrar a los clientes o solicitar créditos a proveedores para que el flujo de efectivo sea positivo.

Estos y los análisis que mencionamos anteriormente, nos ayudarán a ver bien la foto de nuestro negocio para realizar buenos análisis y si lo hacemos constantemente cada mes, revisando los métricos que mencionamos, podremos tomar decisiones que nos ayuden a incrementar las ganancias.

Espero que con este ejemplo te haya quedado clara la manera de hacer los registros y los análisis en tu negocio y que puedas aplicarlo de inmediato para tomar las decisiones correctas e incrementar tus ganancias.

* Nota: Si requieres el archivo de Excel con el que estuvimos trabajando (que incluye los listados, tablas dinámicas, etc), con gusto puedo enviártelo si me lo solicitas a mi correo cpcarlosramos@cprqconsultoria.com

* Repite el llenado del ejercicio, la segunda vez va a ser más sencillo, solo la práctica va a hacer que podamos realizar los registros con mayor facilidad.

#	Descripción	Cantidad	UM	Negocio	Bancos	Clientes	Inv Pan S	Inv Jamón	Inv Pan H	Inv Carne	Activo Fijo	Dep Acum
					Activo							
1	Abrir empresa	NA	NA	NA	100,000							
2	Compra Equipo	NA	NA	NA	48,000						48,000	
3	Compra Pan S	2,000	pz	S	6,000		6,000					
4	Compra Pan H	2,000	pz	H	7,500				7,500			
5	Compra Jamón	2,000	pz	S	7,000			7,000				
6	Compra Carne	2,000	pz	H	12,500					12,500		
7	Venta contado S	1,200	pz	S	19,200							
8	Venta contado S	1,200	pz	S			3,600					
9	Venta contado S	1,200	pz	S				4,200				
10	Venta contado H	1,000	pz	H	20,000							
11	Venta contado H	1,000	pz	H					3,750			
12	Venta contado H	1,000	pz	H						6,250		
13	Venta a crédito S	600	pz	S		9,600						
14	Venta a crédito S	600	pz	S			1,800					
15	Venta a crédito S	600	pz	S				2,100				
16	Venta a crédito H	700	pz	H		14,000						
17	Venta a crédito H	700	pz	H					2,625			
18	Venta a crédito H	700	pz	H						4,375		
19	Mano Obra Dir S	NA	NA	S	2,400							
20	Mano Obra Dir H	NA	NA	H	3,600							
21	Renta Local S	NA	NA	S	4,000							
22	Renta Local H	NA	NA	H	6,000							
23	Luz S	NA	NA	S								
24	Luz H	NA	NA	H								
25	Agua S	NA	NA	S	300							
26	Agua H	NA	NA	H	300							
27	Sueldos S	NA	NA	S								
28	Sueldos H	NA	NA	H								
29	Depreciación S	NA	NA	S								200
30	Depreciación H	NA	NA	H								300

Tabla (Pasivo / Capital / verificación). Las llaves de agrupación de encabezado son: **Pasivo** → (Proveedor, Préstamo); **Capital** → (Cap Social, Ut Ejercido). El encabezado "Tipo" lleva el subtítulo "Lo que tenga Bancos" y antes de "Cuenta" aparece "Lo que tenga Utilidad".

Proveedor	Préstamo	Cap Social	Ut Ejercido	Debe ser 0	Tipo	Concepto	Ing/Cos/Gto	Cuenta
	+	100,000			Financiamiento	Apertura	NA	Ingreso
	+		19,200		Inversión	Maquinaria	NA	NA
	+		3,600		Operación	Materiales	Costo	Costo material
	+		4,200		Operación	Materiales	Costo	Costo material
	+		20,000		Operación	Venta	Ingreso	Ingreso
	+		3,750		Operación	Materiales	Costo	Costo material
	+		6,250		Operación	Venta	Ingreso	Ingreso
	+		9,600		Operación	Materiales	Costo	Costo material
	+		1,800		Operación	Venta	Ingreso	Ingreso
	+		2,100		Operación	Materiales	Costo	Costo material
	+		14,000		Operación	Venta	Ingreso	Ingreso
	+		2,625		NA	NA	Costo	Costo material
	+		4,375		NA	NA	Costo	Costo material
	+		2,400		Operación	Nomina	Costo	Mano Obra Dir
	+		3,600		Operación	Nomina	Costo	Mano Obra Dir
	+		4,000		Operación	Renta	Gasto	Arrendamiento
	+		6,000		Operación	Renta	Gasto	Arrendamiento
2,000	+				NA	NA	Gasto	Luz
3,000	+				NA	NA	Gasto	Luz
	+		300		Operación	Agua	Gasto	Agua
	+		300		Operación	Agua	Gasto	Agua
2,800	+				NA	NA	Gasto	Sueldos
4,200	+				NA	NA	Gasto	Sueldos
	+		200		NA	NA	Gasto	Depreciacion
	+		300		NA	NA	Gasto	Depreciacion

BIBLIOGRAFÍA

* Valoración de Empresas con Excel. Simulación
  Probabilística.
  Werner Zitzmann Riedler.
  Editorial Alfaomega.

* Aprender fórmulas y funciones con Excel.
  Con 100 ejercicios prácticos.
  Editorial Alfaomega.

* Imágenes tomadas de agencias como Freepik,
Storyblocks y
  Unplash.

ACERCA DEL AUTOR

CARL RAMQUIÑONY

Contador Público con Maestría en Finanzas, graduado del ITESM Campus Monterrey, con más de 20 años de experiencia en el área de Finanzas (Director de Finanzas, Contralor, Gerente de Contabilidad y Contador) en empresas tanto Públicas como Privadas. En sectores como el Automotriz, Manufactura, Cerámica, Minería, Construcción, Madereras, Restaurantes, Seguridad, Agencias de Marketing, Consultorios Médicos, Servicios, etc. Con experiencia internacional, llevando empresas de Detroit Michigan y Salt Lake City.

Consultor de Negocios en la Firma CPRQ Consultoría.

Escritor del Libro Orientación a Contabilidad para no Contadores.

Canal de youtube CPRQ Consulting con videos gratuitos en Inglés y Español de temas de Finanzas.

Webinar gratuito de cómo identificar pérdidas para incrementar ganancias.

Participación en programas de Televisión en RCG en temas de Finanzas de Negocios y Finanzas Personales.